Betriebs- und Wirtschaftsinformatik

Herausgegeben von
H. R. Hansen H. Krallmann P. Mertens A.-W. Scheer
D. Seibt P. Stahlknecht H. Strunz R. Thome

Jürgen Hofmann

Aktionsorientierte Datenverarbeitung im Fertigungsbereich

Springer-Verlag
Berlin Heidelberg New York
London Paris Tokyo

Dr. Jürgen Hofmann
Karl-Kaspar-Straße 16, D-8500 Nürnberg 60

ISBN-13: 978-3-540-18798-1 **e-ISBN-13: 978-3-642-73353-6**
DOI: 10.1007/978-3-642-73353-6

CIP-Titelaufnahme der Deutschen Bibliothek.
Hofmann, Jürgen:
Aktionsorientierte Datenverarbeitung im Fertigungsbereich / Jürgen Hofmann. –
Berlin; Heidelberg; New York; London; Paris; Tokyo: Springer, 1988.
(Betriebs- und Wirtschaftsinformatik; Bd. 27)

NE: GT

Druck- und Bindearbeiten: Weihert-Druck GmbH, Darmstadt
2142-3140-543210

VORWORT

Diese Arbeit entstand während meiner Tätigkeit als wissenschaftlicher Mitarbeiter am Lehrstuhl für Betriebswirtschaftslehre, insbesondere Wirtschaftsinformatik, der Universität Erlangen-Nürnberg.

Mein besonderer Dank gilt meinem akademischen Lehrer, Herrn Prof. Dr. P. Mertens, für die Anregungen zur Problemstellung, für die wissenschaftliche Betreuung sowie für seine großzügige Unterstützung. Herrn Prof. Dr. M. Meyer danke ich für die Übernahme des Korreferats. Frau Waltraud Rück hat den Text mit großer Sorgfalt geschrieben und die Abbildungen erstellt, auch ihr danke ich herzlich.

Danken möchte ich vor allem auch den Herren Bichler und Porzel von der Robert Bosch GmbH, Herrn Endres vom Nürnberger Maschinen- und Apparatewerk der Siemens AG und Herrn Kaczmarek von der INA Wälzlager Schaeffler KG, ohne deren Unterstützung im Rahmen miteinander durchgeführter Kooperationsprojekte die für die Arbeit notwendige Praxisnähe nicht möglich gewesen wäre.

Durch ihre Diplomarbeiten haben Frau J. Gänßler, Frau E. Kallupp und Frau G. Stoldt sowie die Herren H. Barthelmann, J. Barthelme, S. Herbert, H. Hofmann, K. Löffelmann sowie J. Russer ihren Beitrag geleistet, wofür ich mich ganz herzlich bedanken möchte.

Schließlich schulde ich meinem Kollegen, Herrn G. Steppan, ganz besonderen Dank für seine Detailkritik und für das Lesen der Korrekturfahnen.

Nürnberg, im November 1987

Dr. Jürgen Hofmann

INHALTSVERZEICHNIS

1. Einleitung

1.1. PROBLEMSTELLUNG

Die Aktionsorientierte Datenverarbeitung (AODV) kann als konsequente Fortführung der integrierten Datenverarbeitung unter Einbeziehung von Mensch-Maschine-Dialogen verstanden werden. Als einer der Pioniere auf diesem Gebiet hat Kendler sich bereits 1979 mit dieser Anwendungsarchitektur befaßt und Konzepte zur Ablaufregelung der Grunddatenerstellung in der Flugzeugindustrie vorgestellt (KENDLER 79).

In der Zwischenzeit hat der Gedanke der AODV in eine Reihe von Konzepten und Systemen mit weniger komplexen Abläufen Eingang gefunden. Ausgewählte praktische Beispiele werden in dieser Arbeit herangezogen, um den Entwicklungsstand auf diesem Gebiet aufzuzeigen und ein Klassifikationsschema zu entwickeln. Die Arbeit will weiter Konzeptionen aufzeigen, die der Praxis als Grundlage und Anregung zur Entwicklung aktionsorientierter Anwendungssysteme dienen können.

Die Untersuchungen konzentrieren sich dabei auf den Fertigungsbereich. Zum einen sind dort wegen der traditionell hohen DV-Durchdringung die besten Voraussetzungen anzutreffen, zum anderen geben bisherige PPS (Produktionsplanungs- und -steuerungs)-Lösungen häufig Anlaß zur Unzufriedenheit. Als vielversprechender Ansatzpunkt erweist sich hier die AODV.

1.2. AUFBAU DER ARBEIT

Die Arbeit geht in Abschnitt 2. auf das Wesen von AODV-Systemen ein, schildert deren Ziele und grundsätzlichen Aufbau. Abschnitt 3. gibt einen Überblick über den gegenwärtigen "state-of-the-art" von AODV-Systemen. Darauf aufbauend und künftige Entwicklungen einbeziehend beinhaltet Abschnitt 4. ein Klassifikationsschema. Abschnitt 5. liefert eine Reihe neuer Gestaltungsansätze für AODV-Systeme. In Abschnitt 6. wird, ausgehend von einer kritischen Sicht der aktuellen Situation, die künftige Architektur von PPS-Systemen skizziert. Ein Schwergewicht liegt dabei auf den Beziehungen zwischen neueren PPS-Konzepten und AODV. Abschließend geht Abschnitt 7. auf mögliche Entwicklungstendenzen ein und nennt künftige Forschungsaufgaben.

1.3. LITERATUR

KENDLER 79 — Kendler, H., Mensch-Maschine-Dialoge zur Erstellung technischer Grunddaten in der Flugzeugindustrie, Dissertation, Nürnberg 1979.

2. Wesen, Ziele und prinzipieller Aufbau Aktionsorientierter DV-Systeme

2.1. WESEN

Die Aktionsorientierte Datenverarbeitung stellt eine grundsätzliche Organisationsform dar, die sich insbesondere zur Unterstützung stark arbeitsteiliger Vorgänge eignet.

In der höchsten Ausbaustufe nimmt ein zentrales DV-System folgende Aufgaben wahr (MERTENS/HOFMANN 86, S. 323 f.):

1) Es plant durchzuführende Maßnahmen unter Berücksichtigung von
   - sachlich-logischen Zusammenhängen,
   - Prioritäten und/oder
   - Kapazitäten.

2) Es steuert diese Maßnahmen mit Hilfe von Nachrichten, die in einem Electronic Mail-Netzwerk versandt werden.

3) Es überwacht die pünktliche und reihenfolgegerechte Ausführung der Maßnahmen und mahnt sie gegebenenfalls an.

Die Maßnahmen sind entweder von einzelnen, namentlich genau spezifizierten Sachbearbeitern bzw. Führungskräften, von namentlich nicht bestimmten Mitgliedern einer Funktionsgruppe (z.B. einem beliebigen Versanddisponenten) oder von Automaten durchzuführen. In der Folge werden die Ausführenden als "Aktionsstellen" bezeichnet.

Die AODV steht zwischen klassischen Systemen der integrierten Datenverarbeitung und einzelnen Mensch-Maschine-Dialogen. Man kann sie daher auch als ein "System integrierter Dialoge" begreifen.

Die klassische integrierte Datenverarbeitung hatte ihren Schwerpunkt bei Stapelprogrammen. Trat eine Ausnahmesituation ein, die das DV-System nicht beherrschte, so wurde der Mensch eingeschaltet, das maschinelle System verlor nun unter Umständen die Kontrolle. Versäumte beispielsweise ein Mitarbeiter der Finanzabteilung, einen dem System bisher noch nicht verfügbaren, aber für die Bilanzkonsolidierung benötigten Umrechnungskurs anzusagen, so war die Konsolidierung vorerst verzögert. Möglicherweise wurde der Fehler erst nach einiger Zeit und wenige Tage vor der Vorstandssitzung zur Vorbereitung des Jahresabschlusses vom Menschen entdeckt. In einer AODV würde das System die Lieferung des Datums bald am Bildschirm der Aktionsstelle der Finanzabteilung anmahnen.

Dialogsysteme bezwecken zunächst die Synthese der besonderen Fähigkeiten von elektronischen Rechenanlagen und einzelner Menschen bei speziellen Aufgaben, beispielsweise eines konstruierenden Ingenieurs, einer Teile-/Werkstoffdatenbank und von CAD-Algorithmen beim Produktentwurf. Damit ist aber der Komplexität der Abläufe in Organisationen noch nicht Rechnung getragen. Erst die AODV integriert also die Vorzüge vieler Spezialisten, und zwar menschlicher wie maschineller.

Man kann die AODV als eine Kombination der folgenden Ideen, Konzepte und technischen Systeme sehen:

1) Zentrale Steuerung arbeitsteiliger Prozesse durch Disponenten, Leitstände u.ä., die einen guten Informationsstand und die Fähigkeit besitzen, Maßnahmenfolgen mittlerer Komplexität (siehe unten) einzuleiten und zu überwachen, wobei diese Folgen nicht immer nach dem gleichen Routineschema ablaufen und deshalb auch (noch) nicht vollautomatisierbar sind.
2) Mensch-Maschine-Dialog.
3) Integrierte Datenverarbeitung.
4) Elektronischer Briefkasten (Electronic Mail) und Bürokommunikation.
5) Aktenarme Verwaltung.
6) Netzplantechnik.
7) Verallgemeinerung der PPS-Systeme mit ihren Elementen "Auflösung von Erzeugnisstrukturen", "Durchlaufterminierung", "Auftragsfreigabe/Kapazitätsterminierung", "Reihenfolgeplanung", "Betriebsdatenerfassung" und "Fortschrittskontrolle" (MERTENS 86, S. 122 ff.) auf allgemeine Verwaltungsvorgänge (KENDLER 80).
8) Triggerfiles in Datenverwaltungssystemen.

Was unter "Maßnahmenfolgen mittlerer Komplexität" zu verstehen ist, soll an dem nachstehenden Beispiel konkretisiert werden:

Nach Einführung eines neuen technischen Produktes häufen sich Beanstandungen der Kunden, ein Konstruktionsfehler wird erkannt. Um weitere Reklamationskosten bzw. Schadensersatzansprüche zu vermeiden, ist sofort der Vertrieb zu stoppen, so daß die zentralen Vertriebsinstanzen ebenso zu verständigen sind wie die Auslieferungslager und Händler. Veranlaßte Produktionsvorgänge sind an der geeigneten Stelle (z.B. Fertigung des beanstandeten Teils, Montage) anzuhalten, geplante Produktionsaufträge zu stornieren, betroffene Kundenaufträge entsprechend zu kennzeichnen. Die Konstruktion ist mit einer

Änderung zu beauftragen. Nach Vollzug dieser Änderung ist die Arbeitsplanung anzustoßen, sie muß die Fertigungsvorschrift modifizieren. Möglicherweise ist auch der Einkauf tangiert, weil eine fremdbezogene Komponente nicht mehr paßt. Schließlich sind Handbücher in Vertrieb und Kundendienst der Änderung anzupassen sowie die Händler und Kunden mit Rundschreiben von der Verfügbarkeit des neuen, verbesserten Erzeugnisses zu unterrichten, wobei diese Rundschreiben nach Möglichkeit mit Hilfe von variabel zusammengestellten Textbausteinen Besonderheiten bei einzelnen Gruppen von Absatzmittlern und Kunden berücksichtigen.

2.2. ZIELE

Mit AODV werden die nachstehenden Ziele verfolgt (MERTENS/HOFMANN 86, S. 324):

1) Vollständigkeit/Komplexitätsbeherrschung
   Gerade bei stark arbeitsteiligen Vorgängen besteht die Gefahr, daß gebotene Maßnahmen vergessen werden, zumal wenn der Prozeß in großer Eile durchzuführen ist. Das DV-System soll "die Übersicht und die Nerven behalten".

2) Stringente Koordination
   Die Maßnahmen sollen so einreguliert werden, daß Leerzeiten zwischen Einzelvorgängen minimiert, Aktionen auf dem zeitkritischen Pfad besonders priorisiert und überwacht und damit letztlich kurze Durchlaufzeiten und Pünktlichkeit gewährleistet werden.

3) Gute Abstimmung von Kapazitätsbedarf und -angebot
   In Analogie zu PPS-Systemen soll vermieden werden, daß einzelne Kapazitätseinheiten (z.B. eine Mitarbeitergruppe in der Abteilung Technische Planung) permanent überlastet sind und sich die Arbeitsgänge dort stauen, während an anderen Aktionsstellen Leerzeiten entstehen. Dies kann wie im Fertigungssektor durch eine Vorschau auf die Kapazitätsauslastung, die vom DV-System erstellt wird, und eine frühzeitige Umdisposition von Kapazitäten (z.B. Einsatz von Springern, Einbestellung von Teilzeitkräften) erfolgen, in eleganten Versionen auch dadurch, daß das System die Zuordnung der Aufgaben zu Aktionsstellen an die Kapazitätssituation anpaßt (vgl. Abschnitt 5.1.3.).

4) Günstige Arbeitsteilung zwischen Mensch und Maschine
   Anders als bei vollautomatischen Systemen bietet die AODV vielfach die Möglichkeit, besonders komplexe Teilvorgänge ad hoc personell zu erledigen oder bisher personell durchgeführte Maßnahmen/Entscheidungen zu automatisieren, ohne daß schwerwiegende Eingriffe in das Gesamtsystem erforderlich sind. Letztlich rührt dies daher, daß der

Mensch mit seiner natürlichen Flexibilität eine Art Puffer im integrierten System darstellt und damit "elastische" Glieder in der Automationskette vorhanden sind.

5) Eindämmung der Papierflut
Dieser Effekt wird durch die bekannten Vorzüge der elektronischen Post erreicht.

2.3. PRINZIPIELLER AUFBAU

Die in einem aktionsorientierten System vorkommenden Komponenten wollen wir wie folgt systematisieren (vgl. Abbildung 2.3./1):

2.3./1 Komponenten eines AODV-Systems

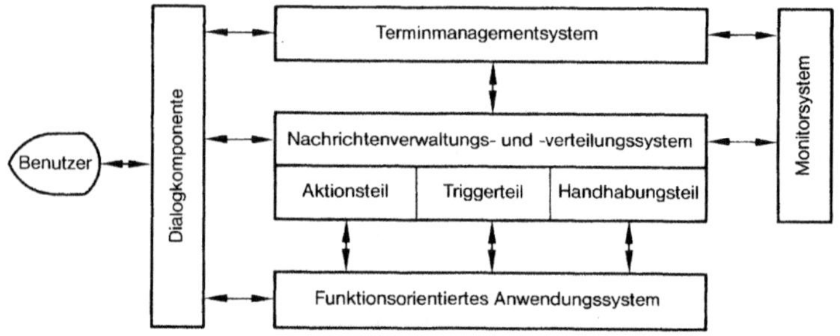

Die Dialogkomponente wickelt menugesteuert die Mensch-Maschine-Kommunikation ab.

Das Nachrichtenverwaltungs- und -verteilungssystem ist in Subsysteme für Aktions-, Trigger- und Handhabungsnachrichten untergliedert, wobei das Unterscheidungskriterium der Adressat ist.

Aktionsnachrichten sind prinzipiell an Personen oder Instanzen gerichtet und weisen diese auf fällige Aktionen hin. Stößt beispielsweise im Rahmen der Bedarfsermittlung das Modul Nettobedarfsrechnung auf Kaufteile, so werden diese Bedarfe in die Postkörbe der im Einkauf tätigen Mitarbeiter gespielt.

Demgegenüber stoßen Triggernachrichten Anwendungs- oder Monitorprogramme an und/oder übermitteln Daten an diese. So können Kostenrechnungsprogramme Daten für Buchhaltungsmodule liefern und die Verbuchung initiieren.

Daneben existieren noch Nachrichten, welche computergesteuerte Transport-, Lager- und Bearbeitungsvorgänge veranlassen und/oder Daten an die ausführenden Maschinen und Einrichtungen überspielen. Da diese Tätigkeiten in der Regel mit der Handhabung von Werkstücken und - zeugen verbunden sind, könnte man sie als Handhabungsnachrichten bezeichnen.

Den einzelnen Systemteilen ist gemeinsam, daß

- die Sätze der teilhabenden Instanzen, Programme, Maschinen und Einrichtungen mit Identifikations-, Deskriptions- und gegebenenfalls Kapazitätsangaben sowie

- die gespeicherten Informations- und Prozedurwege, ihre zeitlichen Abhängigkeiten und die ihnen zugrundeliegenden Ausführungsbedingungen als im Einzelfall modifizierbare Standardablaufpläne

zu verwalten und zu pflegen sind.

Im Falle der Aktionsnachrichten unterstützen die Standardfunktionen eines Electronic Mail-Systems eine dringlichkeitsgerechte Bearbeitung und Verteilung. Um komplexe zeitliche und sachliche Abhängigkeiten, wie sie etwa im Falle der in Abschnitt 2.1. skizzierten Maßnahmenfolge mittlerer Komplexität vorliegen, abbilden zu können, sind neben den üblichen Verteilern in Sternform auch solche mit Netzplanstruktur unumgänglich.

Die entsprechenden Ablaufparameter von Triggernachrichten werden über Triggertabellen verwaltet. Generiert eines der Teilsysteme aufgrund bestimmter Datenkonstellationen solche Nachrichten, werden diese in einem Pufferspeicher abgelegt. Ein Aufrufsteuerteil prüft kontinuierlich, ob Sekundärprogramme zu aktivieren sind. Ein Verarbeitungsbegrenzer unterbindet eine durch das automatische Starten von Programmen mögliche Rechnerüberlastung, indem bestimmte Sekundärverarbeitungen gebündelt und zu solchen Zeiten ausgelöst werden, die im Hinblick auf die Rechnerbelastung günstig sind. So lohnt es sich sicher nicht, daß im Zuge der Änderung des Lagerbestandsfeldes eines B-Teiles aufgrund einer ungeplanten Entnahme oder eines ungeplanten Zugangs die in der Regel rechenzeitintensive Materialdisposition unmittelbar angestoßen wird. Ab einer bestimmten

Zahl derartiger Ereignisse kann aber ein Dispositionslauf nötig werden, um eine reibungslose Fertigung aufrechtzuerhalten (KENDLER 82).

Die Verwaltung und Verteilung von Handhabungsnachrichten erfolgt analog zu den Triggernachrichten.

Das Terminmanagementsystem stellt in erster Linie effiziente Funktionen zur Terminverwaltung, -planung und -vereinbarung bereit. So können beispielsweise gemeinsame Besprechungstermine rationell vereinbart werden. Im Rahmen einer AODV kann mittels einer derartigen Komponente z.B. die terminliche Realisierbarkeit von Schlüsselaktivitäten im voraus abgeprüft werden (vgl. Abschnitt 5.2.).

Das Monitorsystem prüft über das Nachrichtenverwaltungs- und -verteilungssystem, ob Start- und Endtermine von Aktionen erreicht sind, und mahnt bei Terminüberschreitungen deren Ausführung an (vgl. Abschnitt 5.3.).

Das funktionsorientierte Anwendungssystem, welches in der Regel aus einer Vielzahl der unterschiedlichsten betriebswirtschaftlichen Batch- und Dialogprogramme sowie diverser NC-Programme u.a. besteht, ist im allgemeinen zumindest um Funktionen

- zur Erfassung solcher Ereignisse, die Aktions-, Trigger- oder Handhabungsnachrichten bedingen,
- zur automatischen Generierung dieser Nachrichten und Übergabe an das für deren Verwaltung und Verteilung zuständige Subsystem sowie
- zur Signalisierung eintreffender, wichtiger Aktionsnachrichten unabhängig davon, mit welcher Dialoganwendung der Benutzer gerade arbeitet,

zu erweitern.

2.4. LITERATUR

KENDLER 80	Kendler, H., Computergestützte Ablauforganisation im Bürobereich, Angewandte Informatik 22 (1980) 9, S. 357 ff.
KENDLER 82	Kendler, H., Triggerkonzept, Informatik-Spektrum 5 (1982) 4, S. 255.
MERTENS 86	Mertens, P., Industrielle Datenverarbeitung 1, 6. Aufl., Wiesbaden 1986.
MERTENS/HOFMANN 86	Mertens, P. und Hofmann, J., Aktionsorientierte Datenverarbeitung, Informatik-Spektrum 9 (1986) 6, S. 323 ff.

3. Entwicklungsstand ausgewählter Aktionsorientierter DV-Systeme

In diesem Abschnitt wird anhand ausgewählter Systeme der gegenwärtige Entwicklungsstand von AODV-Systemen aufgezeigt. Zunächst werden die Funktionen von IBM-COPICS (Communication oriented production information and control system) erläutert, welches Pilotcharakter für aktionsorientiert ausgelegte Systeme aufweist. Das Modularsystem MTU-CIMOS (computergestützte, integrierte modulare Organisations-Software) läßt die vielfältigen Anwendungsmöglichkeiten eines derartigen Systems im Fertigungsbereich erkennen. Anschließend sollen einige kleinere Systeme neueren Ursprungs belegen, daß sich der Gedanke der Aktionsorientierten Datenverarbeitung momentan zunehmender Verbreitung erfreut. Schließlich erfolgt eine systematische Zusammenfassung über den gegenwärtigen Stand von AODV-Systemen.

3.1. IBM-COPICS

Dieses Modularprogramm der IBM deckt die Funktionen

- Kundenauftragsbearbeitung,
- Produktionsplanung für Enderzeugnisse,
- Konstruktions- und Produktionsdatenverwaltung,
- Materialplanung und -steuerung,
- Fertigungsplanung und -steuerung,
- Beschaffung

ab (IBM o.J.b).

Nach IBM-Terminologie bilden eine aktionsorientierte Ablaufsteuerung und ein funktionsorientiertes Anwendungssystem zusammen ein aktionsorientiertes Anwendungssystem. In diesem Abschnitt werden die Ablaufsteuerung sowie das Zusammenwirken beider Systeme am Anwendungsbeispiel der Konstruktions- und Produktionsdatenverwaltung erörtert (IBM 78a; IBM 78b). Die Ablaufsteuerung kann selbstverständlich auch für die anderen angeführten Anwendungen eingesetzt werden.

3.1.1. Aktionsorientierte Ablaufsteuerung

3.1.1.1. Überblick

Die Ablaufsteuerung umfaßt die drei Hauptfunktionen (vgl. Abbildung 3.1.1.1./1)

- Planung und Verwaltung von Arbeitsabläufen,
- Steuerung von Vorgängen,
- Verwaltung von Arbeitsvorratsübersichten.

Als unterschiedliche Ausbaustufen werden eine aktivitätsbezogene und eine vorgangsbezogene Ablaufsteuerung angesehen.

Die aktivitätsbezogene Variante behandelt die einzelnen Benutzeraktivitäten als voneinander unabhängig, d.h., die einzelnen Entscheidungen werden nur aus der Sicht der jeweiligen Bearbeitungsinstanz getroffen. Als Beispiel mag der von einem Lagerbestandsmodul automatisch generierte Hinweis auf Unterdeckung bestimmter Teile stehen, welcher den zuständigen Sachbearbeiter zu einer Bestelltätigkeit veranlaßt.

Die vorgangsbezogene Ablaufsteuerung berücksichtigt dagegen systemseitig die sachlogischen Abhängigkeiten zwischen diversen Benutzeraktivitäten, wie sie etwa im Rahmen eines Produktplanungsprozesses (GUTMANN 85, S. 28) auftreten.

Die einzelnen Aktivitäten werden dabei von Nachrichten veranlaßt, die vom IBM-Nachrichtensteuerungssystem CORMES (Communication Oriented Message System) übertragen und in Aktions- bzw. Triggerdateien zwischengespeichert werden (IBM o.J.a).

Die Aktionsdatei führt jeden Benutzer mit seiner Adresse und ordnet ihm verschiedene Tätigkeiten, wie beispielsweise Bestands- oder Kapazitätsveränderungen, in Gestalt von Nachrichtenarten zu. Damit wird zum einen festgelegt, auf welche Nachrichtenarten der Teilnehmer zugreifen darf. Andererseits fungiert die Aktionsdatei auch als eine Art "Eingangsfilter", da nur Aktionsnachrichten von derart zugelassenen Nachrichtenarten in die Aktionsdateien der einzelnen Teilnehmer gespielt werden können. Neben diesen, auf einen bestimmten Teilnehmerkreis begrenzbaren Nachrichtenarten existieren noch generell zugängliche, wie beispielsweise allgemeine Rundschreiben. Die Definition der Nachrichtenarten erfolgt in Aktionstabellen. Dort werden u.a. den Anwendungsprogrammen die Nachrichtenarten zugewiesen, die sie verarbeiten können.

3.1.1.1./1	Ablaufsteuerung von IBM-COPICS (IBM 78a, S. 2.23)

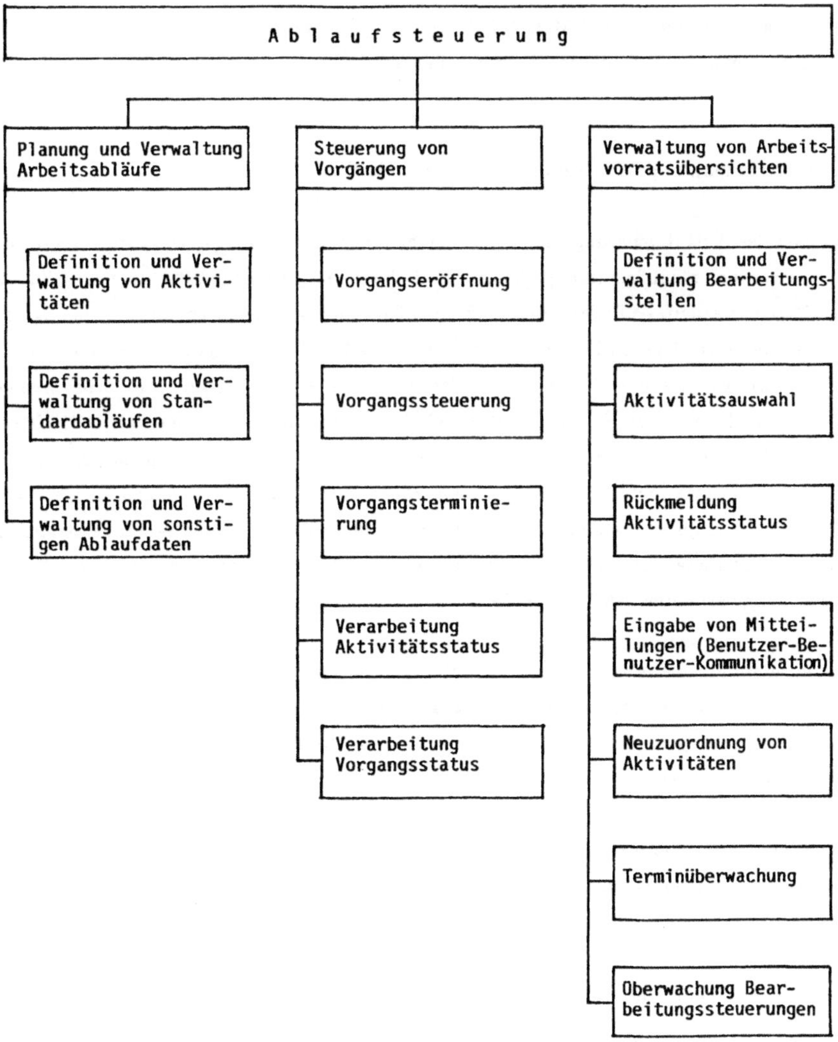

In der Triggerdatei werden Nachrichten gehalten, die ein Programm für ein anderes erstellt hat. In der Triggertabelle wird für jede Nachrichtenart das auszulösende Programm zusammen mit Ausführungsbedingungen festgelegt. Solche können z.B. eine bestimmte Anzahl aufgelaufener Triggernachrichten oder eine vorgegebene Uhrzeit sein.

Die Ablaufsteuerung von IBM-COPICS basiert auf insgesamt sieben Datenbanken, deren Inhalt in Anhang I vergröbert wiedergegeben wird.

3.1.1.2. Planung und Verwaltung von Arbeitsabläufen

Die von der Ablaufsteuerung zu veranlassenden Aktivitäten, die benutzerseitig auszuführen sind, werden ablaufneutral definiert und können gegebenenfalls situationsabhängig modifiziert werden. Auf diese Weise läßt sich für einen Aufgabentyp eine allgemeingültige Beschreibung festlegen, die nur noch auf die jeweilige Problemstellung abzustellen ist. So kann beispielsweise eine Modifikation der Stückliste eine Anpassung des Prüfvorganges nach sich ziehen. Der Konstrukteur greift hierzu auf eine geeignete, als Aktivität zu begreifende Prüfvorschrift zu, ergänzt diese gegebenfalls um spezielle technische Details, wie z.B. die maximal zulässige Prüftemperatur, oder führt Änderungen durch. Dabei unterstützen Kopierfunktionen zur zumindest teilweisen Übernahme bereits existierender Definitionen diese Verwaltungstätigkeit ebenso wie elegante Edierfunktionen zur Manipulation der übernommenen bzw. zur Aktualisierung der bestehenden Definitionen.

Definition und Verwaltung von Standardabläufen, welche die sachlogische Bearbeitungsreihenfolge determinieren, werden analog gehandhabt. Die Verbindung zwischen diesen Verwaltungskomponenten geht über die bei der Aktivität als verantwortlich angegebene Bearbeitungsinstanz.

Die Speicherung entprechend deskribierter, sonstiger ablaufbezogener Daten soll die Auswahl geeigneter Standardabläufe und Aktivitäten erleichtern.

3.1.1.3. Steuerung von Vorgängen

Nach dem Festlegen von Vorgangscharakteristiken, wie Ablauf, Bearbeitungsgegenstand, Terminen, Prioritäten, Zugehörigkeit zu einem Projekt usw., seitens der verantwortlichen Instanz eröffnet diese den Vorgang, indem sie ihn freigibt. Vorgegebene Termine, Projekt- und Sachstammbezüge und der Vorgang selbst ziehen Eintragungen in den entsprechenden Datenbanken nach sich. Gleichzeitig wird die erste Aktivität der zugeordneten

Bearbeitungsstelle in den Briefkorb gespielt. Während der gesamten "Laufzeit" des Vorgangs überwacht die Vorgangssteuerung die Einhaltung der verschiedenen Termine (Start-, Wiederanlauf-, Endtermin) und den aktuellen Bearbeitungsstand. Dabei auftretende Ausnahmesituationen werden unmittelbar gemeldet und können ebenso wie exogene Ereignisse zu Korrekturen an den Vorgangsdaten seitens des Vorgangsverantwortlichen führen.

Der Verantwortliche kann sich jederzeit ein Bild über den Vorgang und dessen einzelne Aktivitäten machen. Der Bearbeitungsstand des gesamten Vorgangs sowie der einzelnen Aktivitäten werden dabei durch unterschiedliche Statusausprägungen beschrieben (vgl. Abbildung 3.1.1.3./1). Die mit einem Stern gekennzeichneten Terme können von den verantwortlichen Instanzen im Vorgangsverlauf erzeugt werden.

3.1.1.3./1 Überblick über die einzelnen Statusausprägungen

Statusbezeichnung	**Bedeutung**
geplant	Vorgangseröffnung
offen	Vorgangsfreigabe
in Arbeit	Bearbeitung von Aktivitäten
(teil-)fertig*	(teilweise) Beendigung von Aktivitäten oder des Vorgangs
sistiert*	Unterbrechung des Vorgangs
storniert*	vorzeitige Beendigung des Vorgangs
sistiert freigegeben*	Freigabe eines unterbrochenen Vorgangs

Der fristgerechte Ablauf eines Vorgangs kann über externe Terminvorgabe oder systeminterne Terminierung gesteuert werden.

Im ersten Fall werden bei Vorgangseröffnung oder im weiteren Vorgangsverlauf Start- und/oder Fälligkeitstermine für die einzelnen Aktivitäten unter Berücksichtigung der unterschiedlichen Durchlaufzeiteinflüsse (Aufgabenstellung, Arbeitsumfang, Belastungssituation der einzelnen Instanzen) festgelegt. Das System zieht diese Termine zur Prioritätsbestimmung innerhalb der einzelnen Postkörbe heran. Die benutzerseitig durchgeführte

Terminplanung kann unterstützt werden durch die automatisch fortgeschriebenen mittleren Warte- und Bearbeitungszeiten der Instanzen.

Für die zweite Terminierungsmöglichkeit legt der Vorgangsinitiator lediglich Ecktermine des Vorgangs und einzelner Schlüsselaktivitäten fest. Mit Hilfe einer Rückwärtsrechnung terminiert das System auf der Basis der oben genannten mittleren Durchlaufzeiten die einzelnen Aktivitäten.

Bei den Funktionen "Verarbeitung Aktivitätsstatus" und "Verarbeitung Vorgangsstatus" handelt es sich um rein systeminterne Funktionen. Wird eine Aktivität als fertig bzw. teilfertig rückgemeldet, aktualisiert das System die Termindatenbank und prüft, ob Folgeaktivitäten anzustoßen sind. Ist dies aufgrund von Bearbeitungsständen und positiv verlaufenen Verfügbarkeitsprüfungen möglich, werden über das Modul Vorgangsterminierung die zugewiesenen Aktivitäten terminiert und mit Prioritäten versehen. Anschließend werden diese Aktivitäten in die zuständigen Postkörbe gestellt und Arbeitsfortschritt sowie vorgangsbezogene Statistikdaten in der Vorgangsdatenbank fortgeschrieben. Bei anderen als den genannten Statusrückmeldungen werden lediglich die Termindatenbank und die vorgangsbezogenen Statistiken modifiziert.

Änderungen des Vorgangsstatus, die nur in Richtung fertig/teilfertig/sistiert/storniert/sistiert freigegeben zulässig sind, ziehen neben der Aktualisierung der Termindatenbank eine Reihe von Anschlußmaßnahmen nach sich. So werden beispielsweise bei Sistierung oder Stornierung neben der Statusmodifikation zusätzliche Meldungen solchen Instanzen übermittelt, bei denen der Bearbeitungsstand der abhängigen Aktivitäten "in Arbeit" lautet. Es liegt dann in ihrem Ermessen, die Aktivität sofort abzubrechen oder zu einem sinnvollen Ende zu bringen. Im Verlaufe des Vorgangs kann es auch notwendig werden, Aktivitäten zu ändern. Sind diese noch nicht "in Arbeit", so werden sie storniert, und an ihre Stelle treten Ersatzaktivitäten. Andernfalls obliegt es der verantwortlichen Instanz, die Bearbeitung abzubrechen oder beenden zu lassen. Bei Umterminierungen bzw. Prioritätsänderungen werden das Modul "Vorgangsterminierung" angestoßen, die Arbeitsvorratsübersichten demzufolge umsortiert und die Termindatenbank aktualisiert.

3.1.1.4. Verwaltung von Arbeitsvorratsübersichten

Jedem Benutzer bzw. jeder Bearbeitungsstelle wird ein eigener Briefkorb zugeteilt. Bei der Eröffnung sind neben identifizierenden auch deskribierende Daten wie stellenbezogene durchschnittliche Wartezeit oder Stellennummer der nächsthöheren Entscheidungsebene anzugeben und später bei organisatorischen Änderungen anzupassen.

Die Bearbeitungsstelle wählt aus ihrer Arbeitsvorratsübersicht, die entweder alle oder nach bestimmten Kriterien selektierte Nachrichten enthalten kann, die als nächstes zu bearbeitende Aktivität aus. Die Aktivität erhält dann den Status "in Arbeit". Bei Bedarf können Detailinformationen, wie eine ausführliche Beschreibung der Aktivität, Hinweise auf zugeordnete Bearbeitungshilfen (z.B. Programme), nachfolgende Tätigkeiten usw., abgerufen werden.

Die vollzogene Bearbeitung einer Aktivität muß dem System gemeldet werden. Die Aktivität erscheint daraufhin nicht mehr in der Arbeitsvorratsübersicht. Weiter werden systeminterne Funktionen wie Fortschreibung der Termindatenbank, des Bearbeitungsstatus beim Vorgang und von Statistikwerten sowie Terminierung und Einreihung der Folgeaktivitäten angestoßen. Eine überlappte Ausführung wird durch Teilfertigmeldungen ermöglicht.

Das System erlaubt auch die Übermittlung von Nachrichten, die nicht von vornherein einem Vorgang fest zugeordnet waren, an einzelne Personen oder über einen Verteiler.

Die Möglichkeit, Aufgaben umzuverteilen, bietet sich einer übergeordneten Instanz (Aufgabenverteilung) in folgenden Fällen:

- bei der Übersicht von Arbeitsvorräten wird das Überschreiten von Belastungslimits erkannt,
- eine Aktivität war einer falschen Instanz zugeordnet,
- die systeminterne Überwachungsfunktion (siehe unten) informiert die Arbeitsverteilung darüber, daß eine Bearbeitungsstelle sich eine bestimmte, vordefinierte Zeit nicht rückgemeldet hat.

Im Falle einer Umverteilung werden davon automatisch die vorgangsverantwortliche Instanz benachrichtigt und die Vorgangsdatenbank aktualisiert.

Eine systeminterne Überwachungsfunktion prüft regelmäßig die Arbeitsfrequenz der Aktionsstellen. Arbeitet eine Instanz eine gewisse Zeit nicht mit dem System, wird daraus auf eine längere Abwesenheit, die beispielsweise durch Urlaub, Krankheit usw. bedingt sein könnte, geschlossen. Davon werden die Vorgangsverantwortlichen und die in der Hierarchie nächsthöhere Stelle benachrichtigt.

Darüber hinaus werden die Termine, die in der Termindatenbank gespeichert sind, systemintern überwacht. Bei Überschreiten werden die verantwortlichen Stellen darüber informiert. An Termine geknüpfte Freigaben werden automatisch ausgelöst.

3.1.2. Aktionsorientierte Produktions- und Konstruktionsdatenverwaltung

Die funktionsorientierte Produktions- und Konstruktionsdatenverwaltung umfaßt als Hauptfunktionen die Verwaltung von

- Konstruktionsstücklisten,
- Fertigungsstücklisten und
- Arbeitsplänen (vgl. Abbildung 3.1.2./1).

3.1.2./1	Funktionsorientiertes System zur Produktions- und Konstruktionsdatenverwaltung (IBM 78a, S. 3.1)

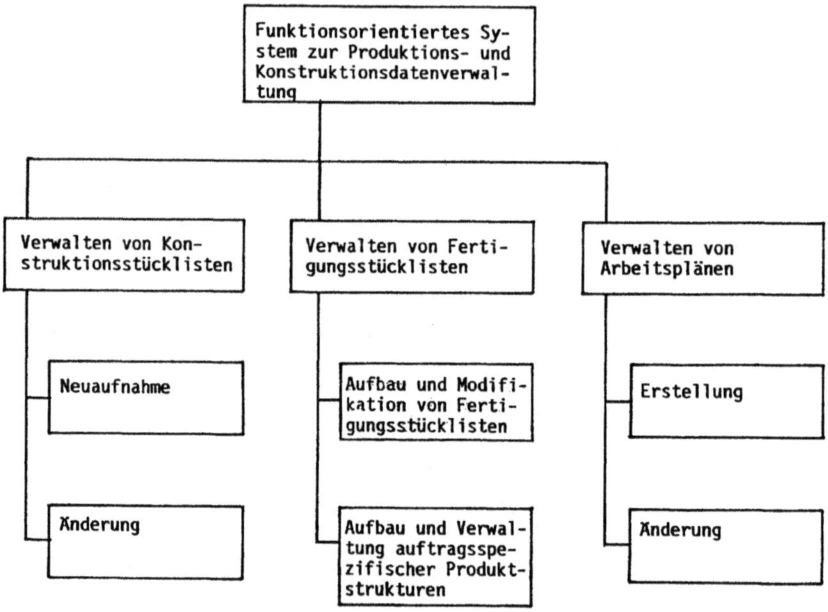

Eine detaillierte Darstellung dieser Funktionen findet sich bei IBM (IBM 78a, S. 3.1 ff.). Die folgenden Ausführungen beziehen sich auf das Vorkommen von Aktions- und Triggernachrichten innerhalb der einzelnen Tätigkeiten, die im Rahmen der angeführten Hauptfunktionen auftreten. Dabei ist zu berücksichtigen, daß in (IBM 78a; IBM 78b) nur ein vergleichsweise geringer Teil der verfügbaren Tätigkeiten beschrieben wird.

Generell werden Aktionsnachrichten eingesetzt, um die jeweils zuständigen Bearbeitungsstellen auf anstehende Tätigkeiten hinzuweisen, wie beispielsweise auf die Neuaufnahme von Konstruktionsstücklistenpositionen, auf die möglicherweise daraus resultierende Umstrukturierung von Fertigungsstücklisten oder auf die Modifikation eines Arbeitsplanes. Zur Erledigung dieser Tätigkeiten sind teilweise eine Vielzahl von Dialogschritten erforderlich.

Meldet ein Sachbearbeiter seine Aufgabe als beendet, werden Aktionsnachrichten den nachfolgenden Instanzen überspielt. So wird z.B. dem für eine bestimmte Fertigungsstückliste verantwortlichen Sachbearbeiter nach Fertigstellung der korrespondierenden Konstruktionsstückliste eine entsprechende Meldung zugestellt.

Teilweise fallen auch im Verlauf einer Tätigkeitsbearbeitung Aktionsnachrichten für andere Stellen an. So wird beispielsweise der Sachstammverantwortliche auf die Löschung oder Neuaufnahme eines Sachstammes im Zuge einer Stücklistenänderung hingewiesen. Fallweise werden Aktionsnachrichten als Aufforderung zur Verbesserung von widersprüchlichen oder unkorrekt erledigten, vorgelagerten Tätigkeiten, deren Fehler programmtechnisch nicht erfaßbar sind, an die zuständigen Stellen übermittelt.

Triggernachrichten werden bei dieser Anwendung dann eingesetzt, wenn Programme anzustoßen sind, deren Ergebnis nicht sofort bzw. nur im Fehlerfall benötigt wird. Dies tritt etwa nach Freigabe einer geänderten Fertigungsstückliste ein. In diesem Fall werden Module, welche bestimmte Informationen wie Freigabestatus und dergleichen in verschiedenen Datenbanken abzulegen haben, gestartet. Eine andere Triggernachricht aktiviert nach Fertigstellung eines Arbeitsplanes gegebenenfalls zeitversetzt Dienstprogramme zur Erstellung der erforderlichen Arbeitspapiere. Der auslösende Disponent erhält nur im Fehlerfall eine Aktionsnachricht.

3.2. MTU-CIMOS

3.2.1. Überblick

Die MTU-Gruppe ist in Deutschland mit Aktionsorientierter Datenverarbeitung weit fortgeschritten. Eingebettet in ein System für die Aufgaben

- Kundenauftragsverwaltung,
- Stückliste,
- Materialwirtschaft und
- Zeitwirtschaft

wurden in den Jahren 1978 bis 1981 Aktionsdatenbanken zur Unterstützung der Abläufe in den Bereichen

- Beschaffung,
- Kundenauftragsverwaltung,
- Sachstammverwaltung und
- Stücklistenverwaltung

eingeführt.

1981 wurden Triggerfiles für Dispositionsinformationen zur Verfügung gestellt (BERTHOLD 83, S. 25).

Seit 1985 wird eine um Schnittstellen zu CAD/CAM/CAQ erweiterte Version des bereits vorher als Modularsoftware verfügbaren Systems MTU-COPICS unter der Bezeichnung CIMOS (computergestützte, integrierte modulare Organisations-Software) von der Firma MTU-Informationssysteme GmbH, Friedrichshafen, vertrieben.

Als nächste Ausbaustufe ist eine Überarbeitung der Fertigungssteuerung unter Einbeziehung einer Online-Betriebsdatenerfassung und -verarbeitung vorgesehen. In engem Zusammenhang damit steht ein neues Transport- und Zuteilungssystem für Materialtransport und -lagerung in den Fertigungswerkstätten. Die genannten Systeme werden auf dezentralen Fertigungsrechnern implementiert (VOGEL 86, S. 287).

Im folgenden wird nur auf die Anwendungsteilsysteme eingegangen, die in Zusammenhang mit dem Fertigungssektor stehen. Weniger übliche Anwendungen, wie beispielsweise die Zollverwaltung als Bestandteil der Materialsteuerung, bleiben außer Betracht.

3.2.2. Materialwirtschaft

3.2.2.1. Materialplanung

Als Kernstücke dieses EDV-Teilsystems (EICHINGER/SCHNEIDER 79) fungieren die Batch-Funktionen

- Disposition (Nettobedarfsermittlung mit Bedarfsauflösung und Rückwärtsterminierung) sowie
- Auftragsfreigabe.

Die vom Vertrieb (Programm Kundenauftragsverwaltung) in der Auftragsdatei eingespeicherten Primärbedarfe werden dem entsprechenden Dispositionsverantwortlichen zum Zweck der Freigabe für die Bedarfsdeckung in seinen Briefkasten gestellt. Gewisse Bedarfsarten werden direkt freigegeben (DITTRICH 79, S. 69). Die wöchentlich laufende Bedarfsauflösung, die ca. 70.000 Haus- und Kaufteile disponiert (VOGEL 86, S. 281), steuert sich selbst, indem die Komponentensachnummern nach Dispositionsstufen sortiert in eine Triggerdatei geschrieben werden und so den Programmkomplex Nettobedarf/Rückwärtsterminierung anstoßen. Führt die Nettobedarfsrechnung auf Kaufteile, werden diese Bedarfe über Briefkästen von Controlling-Instanzen in die Postkörbe der im Einkauf tätigen Sachbearbeiter gespielt (BERTHOLD 83, S. 24; EICHINGER/SCHNEIDER 79, S. 136; LAUSER/MICHL 83, S. 219). Neben derartigen Dispositionsanstößen treten, ausgelöst von den jeweiligen Anwendungsprogrammen, solche in Form von Triggernachrichten auf bei

- Stücklistenveränderungen,
- ungeplanten Bestandsveränderungen oder
- Mengen-/Terminverschiebungen der Liefererwartung.

Das Modul "Maschinelle Auftragsfreigabe" liefert im Anschluß an die Disposition mit Hilfe einer Auftragsfreigabelogik die innerhalb der nächsten zehn Tage zu startenden geplanten Fertigungsaufträge. Ergebnis der Freigabe sind bei positiv verlaufener Verfügbarkeitsprüfung Aktionssätze für die Erstellung der Arbeitspapiere und die Reservierung des Ausgangsmaterials bzw. der Auftragskomponenten (VOGEL 86, S. 286).

Bei nicht ausreichendem Bestand wird die Liefererwartung als "kritisch" gekennzeichnet und somit bei Wareneingang ein beschleunigter Durchlauf gestartet (vgl. Abschnitt 3.2.2.3.). Ansonsten wird in der nachfolgenden Fertigungsauftragsverwaltung der Auftragsbestand neu terminiert, wodurch das Fertigungssteuerungsmodul neue Termine für die Durchlaufterminierung der einzelnen Werkstattaufträge erhält (VOGEL 86, S. 281). Bei

Ersatzteilbedarfen auf Primärbedarfsebene wird für die Auftragsabwicklung zusätzlich der Lieferscheinarbeitsvorrat erstellt. Für die mit Lichtstift ausgewählten und manuell um Versand- und Verpackungsdaten ergänzten Aufträge werden so die Versandpapiere erstellt (DITTRICH 79, S. 70). Diese strikte Planung der Lagerbewegungen auf der Entnahmeseite sorgt dafür, daß ungeplante Entnahmen nur im Ausnahmefall erfolgen.

Auf der Fertigungsebene werden Werkstattaufträge als Arbeitsvorrat bereitgestellt. Der tatsächliche Start mit zugehöriger Arbeitspapiererstellung erfolgt personell per Terminal durch die Fertigungsstellen selbst.

3.2.2.2. Bestellwesen

Jedem Einkaufssachbearbeiter wird für sein Teilgebiet ein Arbeitsvorrat mit den in Abbildung 3.2.2.2./1 dargestellten Nachrichtenarten aufgebaut (KALASCH 79).

Die Bearbeitung der einzelnen Nachrichten wird durch verschiedene Übergangsmöglichkeiten zwischen Briefkasten und Anwendungsprogrammen mit wechselseitiger Datenübergabe wesentlich unterstützt. So werden zum einen beispielsweise Daten aus dem eingespeicherten Bedarf in das Modul Anfrageschreibung übernommen, zum anderen werden die Bedarfsnachrichten um Informationen wie Anzahl und Datum von Anfragen an Lieferanten ergänzt. Bemerkenswert ist weiter das automatische Löschen einiger Nachrichten durch Anwendungsprogramme, wie z.B. das Löschen des Hinweises auf überfällige Angebote durch das Angebotserfassungsprogramm (vgl. Abbildung 3.2.2.2./1). Kritisch muß gesehen werden, daß die einzelnen Vorgänge nach dem Einspeicherungsdatum sortiert werden. Dem Argument, daß so die Dringlichkeit objektiv dargestellt wird, kann entgegnet werden, daß auf diese Weise Eilbedarfe oder Terminmahnungen für kritische Teile nur mit relativ geringer Wirkung absetzbar sind.

Darüber hinaus kann sich ein Sachbearbeiter in einem weiteren Arbeitsvorrat alle Termine, die innerhalb eines Zeitraums fällig sind oder werden, gegebenenfalls mit ihrer Mahnstufe anzeigen lassen. Nach eigenem Ermessen kann er durch Markieren mittels Lichtstift den Druck von

- Auftragsbestätigungsmahnungen,
- Lieferterminerinnerungen und
- Lieferterminmahnungen

auslösen.

3.2.2.2./1	Einkäufer-Arbeitsvorrat

Nachrichteninhalt	Absender	Nachrichtenabbau	Verzweigungsmöglichkeiten (Weiterverarbeitung)
freigegebene, zu bestellende Bedarfe	- Controlling-Abteilung (M) - Nettobedarfsrechnung (P)	- Bestellschreibung (P) - explizites Löschen (M)	- Anfrageschreibung (P) - Bestellschreibung (P) - Angebotszusammenstellung (P)
überfällige Angebote	- Angebotsüberwachung (P)	- Angebotserfassung (P) - Löschen der Anfrage (M)	- Auslösen von Mahnaktionen (M)
überfällige Auftragsbestätigungen	- Auftragsbestätigungsüberwachung (P)	- Auftragsbestätigungserfassung (P)	- Auslösen von Mahnaktionen (M)
- sachliche, quantitative oder preisliche Abweichungen zwischen Bestellung und Rechnung innerhalb vorgegebener Toleranzen - Informationen über Adreßänderungen, geänderte Zahlungsbedingungen etc.	- Rechnungsprüfung (P)	- automatisch nach Überschreiten der Bearbeitungsfrist (P) - explizites Löschen (M)	

Legende: P = Programm
M = Mensch

Treten Bestellungen für Sachnummern auf, für die noch keine Pläne zur Qualitätsprüfung existieren, so wird dem zuständigen Sachbearbeiter der Qualitätssicherung zusätzlich der Auftrag in seinen Postkorb gestellt, einen Urprüfplan zu erstellen (VOGELEY/BAUR 83, S. 139).

3.2.2.3. Materialsteuerung

Etwas genauer beleuchtet werden sollen an dieser Stelle nur die Funktionen

- Wareneingangsverwaltung (BERTHOLD 83, S. 25; WALTE/METT 79),
- Qualitätsprüfung (VOGELEY/BAUR 83) und
- Lagerbestandsführung (BAUER/LENZ 83; BERTHOLD 83, S. 25; WALTE/METT 79, S. 285 ff.).

Die Wareneingangsverwaltung fungiert im Prinzip als reine Erfassung. Nach einem Soll-Ist-Vergleich von Menge und Termin wird der Terminarbeitsvorrat (vgl. Abschnitt 3.2.2.2.) aktualisiert. Für Waren, die dem Zollverkehr unterliegen, werden Nachrichten dem Sachbearbeiter übermittelt, der zur Fertigstellung des Importeingangs die noch fehlenden Zolldaten ergänzen muß. Ist die Ware noch auszutarifieren, erhält ein weiterer Sachbearbeiter eine entsprechende Nachricht. Schließlich wird der für die Einlagerung zuständigen Instanz eine Meldung zugeführt.

Wird beim Erfassen des Wareneingangs ein Prüfkennzeichen im Sachstamm erkannt, so wird die Prüfstelle via Electronic Mail informiert. Der Postkorb der Prüfinstanz ist dabei nach maschinell vergebenen, bedarfsorientierten Prioritätsterminen sortiert. Der Prüfdurchlaufweg wird ebenfalls über die Postkörbe der jeweiligen Stellen gesteuert, die sich vor Ort dynamisierte Prüfpläne ausdrucken lassen. Einer analogen Prüflogik unterliegen die Eigenteile. Die Prüfung wird in diesem Fall allerdings von sogenannten Produktgruppenprüfstellen während des Fertigungsablaufs dann vorgenommen, wenn der Fertigungsauftrag einen im Arbeitsplan vorgegebenen Arbeitsstand erreicht.

Interessant für die weiteren Erörterungen ist die im Jahre 1983 abgeschlossene Integration eines prozeßrechnergesteuerten Paletten- und Kleinteilelagers in das bestehende System (BAUER/LENZ 83). Hierbei treten auch Handhabungsnachrichten (vgl. Abschnitt 2.3.) auf. Die Struktur dieses technisch-betriebswirtschaftlich kombinierten Systems zeigt Abbildung 3.2.2.3./1. Lagerbewegungen betreffende Anweisungen und Informationen werden von anderen Teilsystemen der Materialsteuerung geliefert, erledigte Arbeitsgänge an diese online zurückgemeldet.

3.2.2.3./1	Technisch-betriebswirtschaftlich kombiniertes System (BAUER/LENZ 83, S. 418)

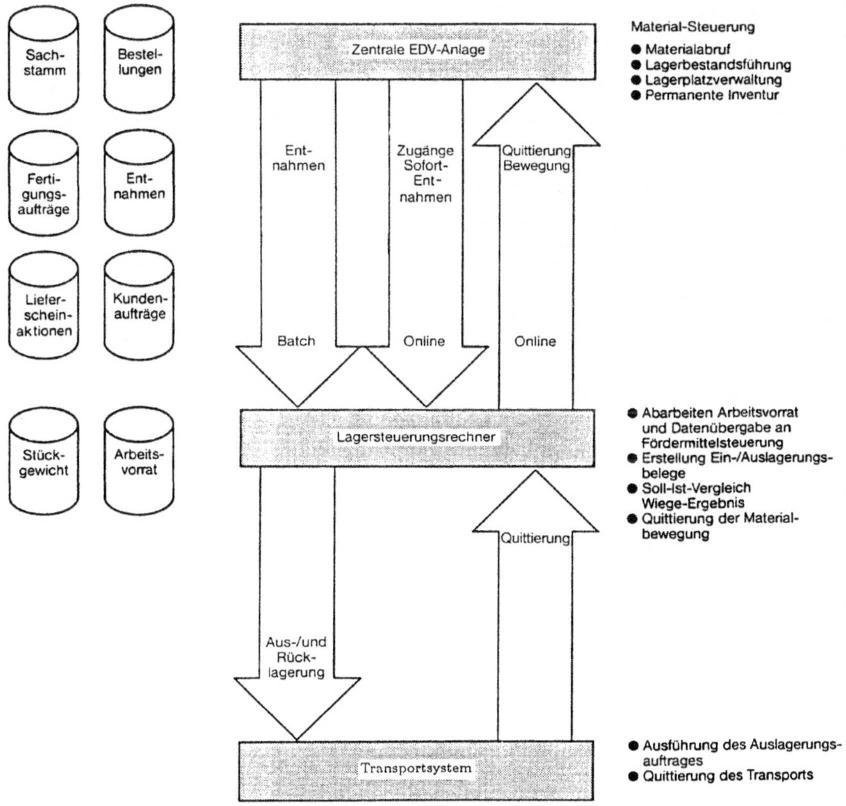

Lagerzugänge werden im Anschluß an die Qualitätskontrolle gemeinsam mit ihren Begleitpapieren, bei deren Ausgabe gleichzeitig der Lagerort ermittelt wurde, in eine Bereitstellungszone geliefert. Im Rahmen der folgenden Begleitpapiererfassung wird bei sofortigem Bedarf in der Fertigung, der Montage oder für einen Ersatzteilauftrag die Ware an den Empfänger weitergeleitet ("Automatische Fehlteilsteuerung"). Andernfalls wird die Ware an die Zuladeplätze transportiert. Ein Aktionssatz (vgl. Abbildung 3.2.2.3./2), der vom Zentral- auf den dezentralen Lagersteuerungsrechner geladen wird, enthält die für die Lageristen zur Einlagerung und permanenten Inventur sowie für das Erstellen des Einlagerungsbeleges notwendigen Informationen. Gleichzeitig veranlaßt der Aktionssatz in Gestalt einer Handhabungsnachricht die Bereitstellung der erforderlichen Ladeeinheiten, in die der Lagerist die angelieferten Teile umlädt. Eine anschließende Referenzwägung dient der Bestandsprüfung. Beim Absetzen der Ladeeinheiten im Lager wird der Nachrichtensatz als erledigt an den Zentralrechner zurückgemeldet und nach der von ihm getriggerten Zugangsbuchung gelöscht. Enthält der Aktionssatz den bei seinem Erstellen generierten Hinweis, daß der vorgesehene Lagerplatz noch nicht inventiert ist, wird vor dem Löschen des Aktionssatzes der angesprochene Lagerplatz mit dem Bewegungsdatum als Inventurdatum gekennzeichnet. Lagerplätze, die nicht aufgrund von Materialbewegungen angesprochen werden, müssen separat erfaßt werden.

3.2.2.3./2	Aktionssatz für Einlagerung

Lagerplatz	Satzart	Sach-Nr.	Benennung	Zugangsmenge	Bestand nach Zugang	Stückgewicht	Besteil-/ Hausteil-Nr.	Datum	Lager-Nr.	Zugangsmenge	Inventarkennzeichen

Das Teilsystem Materialplanung (vgl. Abschnitt 3.2.2.1.) reserviert termingerecht alle Teile, die für Ersatzteil-, Fertigungs- oder Endmontageaufträge benötigt werden, und speichert sie als Entnahmearbeitsvorrat. Täglich werden die Komponenten der Aufträge, die (in den folgenden Tagen) begonnen werden sollen, abgerufen. Die Entnahme wird über Handhabungssätze angestoßen, die im Regelfall nachts vollautomatisch im Batch bzw. bei dringenden Sofortbedarfen online auf den Lagersteuerungsrechner übertragen werden. Dieser arbeitet den Arbeitsvorrat sequentiell ab, indem er die angeforderten Ladeeinheiten auslagert. Entnahmeabrufe für Sofortbedarfe führen zur unmittelbaren Auslagerung der entsprechenden Ladeeinheit. Zusammen mit den inzwischen beigefügten Entnahmebelegen wird die Ladeeinheit über Kommissionierplatz und Auftragszusammenführung von einem induktiv gesteuerten Transportsystem an die Montagebänder geliefert. Bestandsprüfung und Entnahmebuchung werden analog dem Zugang abgewickelt.

In ähnlicher Weise soll der Systemablauf der Fertigungssteuerung mit Online-BDE, Transport- und Zuteilungssystem realisiert werden (VOGEL 86, S. 294 ff.).

Lagerbewegungen, die außerhalb des Kleinteile- und Palettenlagers auftreten, werden ebenfalls über Aktionsnachrichten initiiert. Dabei werden allerdings die Ein- und Auslagerungsvorgänge nicht automatisch angestoßen und gesteuert.

3.2.3. Zeitwirtschaft

DV-technisch wird die Zeitwirtschaft durch die Komplexe Kapazitätsplanung und Werkstattsteuerung realisiert (SCHNEIDER 79). Bei der Analyse erscheinen vor allem zwei Dinge bemerkenswert:

1. Ein Kapazitätsterminierungssystem zur Feinplanung der Arbeitsgänge wurde in dieses System nicht aufgenommen. Neben Rechenzeitgründen, die heute weniger ins Gewicht fallen dürften, ist die dadurch gewonnene Entscheidungsfreiheit des Steuerungs- und Werkstattpersonals für die Reihenfolge der Abarbeitung zur flexiblen Anpassung an die aktuelle Situation durchaus notwendig und wünschenswert.

2. Für jede Werkstatt wird ein bestimmter Störpegel geduldet. Der Mensch wird dabei als Dämpfungsglied angesehen, der durch eine Vielzahl taktischer Einzelentscheidungen das System stabilisiert. Nur gravierende Störungen werden vom System ausgeregelt. Damit erfüllt der Mensch die in Abschnitt 2.2. als Ziel von AODV postulierte Pufferfunktion.

Das Modul Durchlaufterminierung des Teilsystems Kapazitätsplanung stellt jeder Maschinengruppe einen nach realisierbaren Lieferterminen sortierten Arbeitsvorrat bereit. Alle zwei Tage wird der Arbeitsvorrat für die nächsten fünf Arbeitstage ausgedruckt, grafisch wird er für die folgenden zehn Tage dargestellt. Innerhalb einer Maschinengruppe muß die Kapazität manuell abgeglichen werden. Sind darüber hinaus häufig technische und personelle Beschränkungen zu berücksichtigen, so ist nach Auffassung von MTU (SCHNEIDER 79, S. 358) eine Entscheidung ohne EDV besser durchzuführen. Die EDV sollte die Entscheidungsfindung allerdings durch Hinweise auf ähnliche Maschinen in anderen Gruppen oder Fertigungseinheiten unterstützen.

3.3. WEITERE SYSTEME

Auf kleinere aktionsorientierte Systeme des Fertigungssektors wird in Abschnitt 6.2.1.2. eingegangen. Die nachstehend beschriebenen Systeme erstrecken sich hauptsächlich auf andere Bereiche des Industriebetriebs.

Ein Tool zur Unterstützung arbeitsteiliger Prozesse stellt das System DOMINO der Gesellschaft für Mathematik und Datenverarbeitung (GMD) dar (KREIFELTS 84).

Es basiert auf UNIX und ist so konzipiert, daß es in umfassendere, UNIX-unterstützende Bürosysteme integriert werden kann. Mit DOMINO können Vorgangsmodelle konstruiert werden, die sich mathematisch durch eine besondere Klasse von Petrinetzen beschreiben lassen. Es umfaßt folgende Funktionen:

- Spezifizieren von Vorgangstypen in einer formalen Beschreibungssprache und Übersetzen in ein ablauffähiges System, wobei der Vorgangscompiler u.a. die angegebenen Modelleigenschaften verifiziert.

- Initiieren von Vorgängen sowie Verfolgung und Dokumentation des Ablaufs.

- Ausführen von anstehenden Aktionen, auf die über ein angeschlossenes Electronic Mail-System zu versendende Nachrichten hinweisen.

In der Folge werden kleinere aktionsorientierte Anwendungssysteme, die im Gegensatz zu IBM-COPICS oder MTU-CIMOS jeweils nur bestimmte Teilbereiche eines Industriebetriebes überstreichen, skizziert:

1. PAULOS (Pfanni-Auftragsabwicklungs- und Logistiksteuerungssystem) unterstützt die Fachbereiche Vertrieb, Disposition, Versand sowie zentrale und dezentrale Lagerverwaltung (STAIGER 86).

   Die Außendienstmitarbeiter kommunizieren mit der Zentrale lediglich über Mobile Datenerfassungsgeräte. In diesen sammeln sie tagsüber die kundenspezifischen Auftragsdaten und überspielen diese am Abend zusammen mit verwaltungsspezifischen Daten sowie gegebenenfalls mit Kurzmitteilungen für die zentrale Vertriebsabteilung an den Zentralrechner. Im Gegenzug erhalten sie Informationen wie Artikel- oder Konditionsänderungen. Der Computer führt im Rahmen der anschließenden Batchverarbeitung die übermittelten Daten den jeweiligen Anwendungssystemen zu. Stoßen die Routinen zur Auftragsprüfung auf Fehler, so werden die zuständigen Innendienstsachbearbeiter per Electronic Mail darauf aufmerksam gemacht. Zur Konfliktbeseitigung führt das System die Sachbearbeiter dialogunterstützt durch ein Korrekturverfahren.

Ihre Antwort auf Auslieferungsanweisungen melden sechzehn regional verstreute Lagerhalter per DFÜ (IBM-3780 Prozedur). Die DFÜ-Rückmeldung stößt bei planmäßiger Abwicklung die Freigabe des Auftrags zur Fakturierung an. Bei Abweichungen, z. B. durch Schwund, wird in den Elektronischen Briefkasten des Sachbearbeiters eine Meldung über den Vorfall gestellt.

2. Das System ADVOKAD (Arbeitsablauf steuerndes Datenbankverfahren für Vertrieblich Orientierte und Kaufmännische Aufgaben im Geschäftsbereich Datentechnik) der Siemens AG steuert unterschiedliche vertriebliche Aufgaben, indem es in einer sogenannten "Good-morning-message" die Sachbearbeiter über anstehende Tätigkeiten informiert (MERTENS 86, S. 25 f.).

3. Das IBM-Modul CADMIP (Computer Aided Design to Manufacturing Interface Program) fungiert als Schnittstelle zwischen dem von IBM vertriebenen CAD-System CADAM der Firma CADAM Inc. und einem PPS-System (MALCHUS 86). CADMIP hat u.a. die Aufgabe, während der Konstruktion erfaßte Daten an das PPS-System zu übertragen. Bei Einsatz von COPICS als PPS-System erhält der Konstrukteur in eine sogenannte "Acknowledgementdatei" eine Empfangsbestätigung dann gespielt, wenn die Produktdefinitionsdatenbank aufgrund der übermittelten Daten aktualisiert ist.

4. Ein für AODV-Systeme interessantes und nahezu idealtypisches Einsatzgebiet außerhalb des betriebswirtschaftlichen Bereichs bieten analytische Labors. Dort sind in den Bereichen

   - Forschung (z.B. Toxikologie),
   - Qualitätskontrolle und
   - Umweltschutz

   sogenannte Laborinformationsmanagement- und -steuerungssysteme (LIMS-Systeme) anzutreffen (WOLF/UNKELBACH 86, S. 114 ff.). Sie haben zur Aufgabe, Untersuchungsaufträge gemäß vorgegebener Ablaufschemata den einzelnen Labors zu überspielen. Wegen der begrenzten Haltbarkeit vieler Meßproben liegt ein besonderes Gewicht auf einer exakten Terminsteuerung. Zum Teil gehen die einzelnen Ergebnisse der Meßgeräte online in das AODV-System ein und müssen im Anschluß an eine Plausibilitätsprüfung vom jeweiligen Laborpersonal nur noch validiert werden. Die in der Regel fest umrissenen Aufgabeninhalte der Messungen und Untersuchungen gestatten eine sofortige Abrechnung der Teilleistungen. Ein Berichtsgenerator überspielt der verantwortlichen Laborperson nach Beendigung aller Untersuchungen das um die Einzelergebnisse ergänzte Gerüst eines Abschlußberichts.

3.4. ZUSAMMENFASSUNG

Bei kritischer Betrachtung der in den vorausgehenden Abschnitten vorgestellten AODV-Systeme lassen sich folgende Aussagen treffen:

1. Trotz der Nutzeffekte der AODV, die sich beispielsweise aus den in Abschnitt 2.2. dargelegten Zielen direkt ergeben, sind uns nur zwei, mehrere Funktionalbereiche umspannende Realisierungen bekannt geworden (vgl. Abschnitt 3.2.). Erste Versionen dieser Systeme gibt es bereits seit Mitte bzw. Ende der siebziger Jahre. Ein Grund für diese geringe Verbreitung könnte in der immensen Komplexität dieser Systeme liegen, so daß der durch ihre Entwicklung sich noch mehr vergrößernde Anwendungsstau als zu problematisch angesehen wurde. Als Folge davon wurden lediglich AODV-Systeme für abgegrenzte Teilbereiche realisiert (vgl. Abschnitt 3.3.).

2. Bei den vorgestellten Systemen weist die AODV infolge ihrer Ergänzungs-, Unterstützungs- und Hilfefunktion Dienstleistungscharakter auf. So werden Schnittstellen überbrückt zwischen technischer und betriebswirtschaftlicher DV, wie bei CADMIP, zwischen Programmen verschiedener Funktionalbereiche, wie im Falle von MTU-CIMOS zwischen Kundenauftragsverwaltung im Vertrieb und Bedarfsfreigabe in der Materialwirtschaft, oder zwischen Batch- und Dialogprogrammen, wie zwischen den Modulen Nettobedarfsermittlung und Bestellwesen im Rahmen von MTU-CIMOS. Die nur wenige Funktionalbereiche einbeziehenden Applikationen dienen in erster Linie der Signalisierung von Ausnahme- oder Fehlersituationen, wie etwa bei PAULOS.

3. IBM-COPICS und MTU-CIMOS decken in etwa die gleichen Funktionalbereiche ab. Zur Unterstützung der Abläufe in diesen Bereichen scheinen Terminsteuerung und -überwachung (stringente Koordination), Komplexitätsbeherrschung und naturgemäß die Eindämmung der Papierflut im Vordergrund zu stehen. Die Kapazitätssituation wird zwar zum Teil berücksichtigt, gleichwohl bleibt die "Verfügbarkeitsprüfung von Menschen", ldie gerade im Hinblick auf eine zunehmende Flexibilisierung der Arbeitszeit große Bedeutung gewinnen dürfte, außen vor. Aufgabenumverteilungen bei Überlastsituationen erfolgen, wenn überhaupt, nur personell.

4. Eine prinzipielle, von allen beschriebenen Anwendungen verwendete Funktion stellt die Arbeitsverteilung dar, indem die auszuführenden Aktionen einzelnen Sachbearbeitern, ganzen Funktionsgruppen oder Automaten überspielt werden.

5. Tools, wie beispielsweise DOMINO, sind kaum anzutreffen. Ihre komplizierte Spezifikation dürfte einem breiten praktischen Einsatz Grenzen setzen.

6. Trigger- und Handhabungsnachrichten blieben bei den kleinen Systemen außen vor.

3.5. LITERATUR

BAUER/LENZ 83	Bauer, W. und Lenz, G., Kommunikationsorientiertes EDV-System bei MTU - Teil 14: Integration eines prozeßrechnergesteuerten Lagers (Materialsteuerung), Fortschrittliche Betriebsführung/Industrial Engineering 32 (1983) 6, S. 416 ff.
BERTHOLD 83	Berthold, H.-J., Aktionsdatenbanken in einem kommunikationsorientierten System, Informatik-Spektrum 6 (1983) 1, S. 20 ff.
DITTRICH 79	Dittrich, H.-J., Kommunikationsorientiertes EDV-System bei MTU - Teil 5: Kundenauftragsverwaltung und Lieferscheinschreibung, Fortschrittliche Betriebsführung/Industrial Engineering 28 (1979) 1, S. 67 ff.
EICHINGER/ SCHNEIDER 79	Eichinger, P. und Schneider, A., Kommunikationsorientiertes EDV-System bei MTU - Teil 6: Materialplanung, Fortschrittliche Betriebsführung/Industrial Engineering 28 (1979) 2, S. 134 ff.
GUTMANN 85	Gutmann, B., Einsatz des Bürokommunikationssystems EMS 5800 zur Unterstützung der Produktplanung bei einem Markenartikelhersteller, Konzeption und Programmierung - Teil 2, Diplomarbeit, Nürnberg 1985.
IBM 78a	IBM Deutschland GmbH (Hrsg.), COPICS-Anwendungsbeschreibung - Aktionsorientierte Konstruktions- und Produktionsdatenverwaltung, IBM-Form GH12-1270, o.O. 1978.
IBM 78b	IBM Deutschland GmbH (Hrsg.), COPICS-Systementwurfsbeschreibung - Aktionsorientierte Konstruktions- und Produktionsdatenverwaltung, IBM-Form GH12-1272-0, o.O. 1978.
IBM o.J.a	IBM Deutschland GmbH (Hrsg.), Communication Oriented Message System/CORMES, Benutzerhandbuch, IBM-Form SH12-1423-0, o.O. o.J.
IBM o.J.b	IBM Deutschland GmbH (Hrsg.), COPICS - Programm- und Literaturverzeichnis o.O. o.J.
KALASCH 79	Kalasch, H., Kommunikationsorientiertes EDV-System bei MTU - Teil 7: Einkauf, Fortschrittliche Betriebsführung/Industrial Engineering 28 (1979) 3, S. 208 ff.

KREIFELTS 84	Kreifelts, T., DOMINO: Ein System zur Abwicklung arbeitsteiliger Vorgänge im Büro, Angewandte Informatik 26 (1984) 4, S. 137 ff.
LAUSER/MICHL 83	Lauser, R. und Michl, G., Kommunikationsorientiertes EDV-System bei MTU - Teil 13: Budgetverwaltung und -kontrolle, Fortschrittliche Betriebsführung/Industrial Engineering 32 (1983) 3, S. 216 ff.
MALCHUS 86	Malchus von, E., CADMIP - Integration von CAD und PPS, Unterlagen zu gleichnamigem Vortrag (Nr. 37) auf IBM-Kongreß "INSTITUT 86" in München am 3.7.86.
MERTENS 86	Mertens, P., Industrielle Datenverarbeitung 1, 6. Aufl., Wiesbaden 1986.
SCHNEIDER 79	Schneider, A., Kommunikationsorientiertes EDV- System bei MTU - Teil 10: Zeitwirtschaft und ihre Probleme, Fortschrittliche Betriebsführung/Industrial Engineering 28 (1979) 5, S. 355 ff.
STAIGER 86	Staiger, R., Einführung und Einsatz eines Auftragsabwicklungs- und Logistiksteuerungssystems für den Außendienst und Innendienst, Handbuch der Modernen Datenverarbeitung 23 (1986) 129, S. 29 ff.
VOGEL 86	Vogel, F. O., Online-Betriebsdatenerfassung in einem integrierten PPS-System bei MTU, in: Gesellschaft für Management und Technik (gfmt) u.a. (Hrsg.), Planen und Steuern der Produktion - Bausteine für eine computerunterstützte Fertigung, Tagungsbericht, München 1986, S. 273 ff.
VOGELEY/BAUR 83	Vogeley, M. und Baur, R., Kommunikationsorientiertes EDV-System bei MTU - Teil 12: Qualitätssicherung im Wareneingang und in der Fertigung, Fortschrittliche Betriebsführung/Industrial Engineering 32 (1983) 2 , S. 132 ff.
WALTE/METT 79	Walte, G. und Mett, W., Kommunikationsorientiertes EDV-System bei MTU - Teil 9: Materialsteuerung, Fortschrittliche Betriebsführung/Industrial Engineering 28 (1979) 4 , S. 280 ff.
WOLF/UNKELBACH 86	Wolf, T. und Unkelbach, H.D., Informationsmanagement in Chemie und Pharma, Stuttgart 1986.

4. Klassifizierung Aktionsorientierter DV-Systeme

4.1. PROBLEMBEZOGENE GESICHTSPUNKTE

4.1.1. Nachrichtentypen

Auf die vorkommenden Nachrichtentypen und deren unterschiedliche Merkmale wurde bereits in Abschnitt 2.3. eingegangen.

Es läßt sich allerdings nicht immer derart scharf zwischen den einzelnen Nachrichtentypen trennen, da sich diese beispielsweise im Zeitablauf ändern können. So fungiert etwa die in Abbildung 4.1.3.1./1 vorkommende Fehlernachricht zuerst als Aktionsnachricht, um nach Abschluß der Korrektur diese in Gestalt einer Triggernachricht für den Stücklistenverwaltungslauf bereitzustellen. Weitere Beispiele liefert die in Abschnitt 3.2.2.3. dargelegte Lagersteuerung.

4.1.2. Ablauftypen

Nach Kendler unterscheiden sich die mit AODV-Systemen lösbaren Problemstellungen im wesentlichen dadurch, daß der Aufgabenablauf in verschiedenen Automatisierungsstufen geplant, gesteuert und überwacht wird (KENDLER 79, S. 352). Der Grad der ablauforganisatorischen Unterstützung richtet sich dabei nach der speziellen Aufgabenstellung.

Anhand der Kriterien

- Komplexität der Aufgabenstruktur,
- Komplexität der Ablaufstruktur und
- Standardisierbarkeit des Ablaufs

differenziert Kendler grundsätzlich in

- ereignisorientierte,
- aktionsorientierte und
- dispositive Ablauftypen (vgl. Abbildung 4.1.2./1),

welche in unterschiedlichem Maß von einem AODV-System unterstützt werden (KENDLER 79, S. 258 ff.; KENDLER 80, S. 358 f.). Er verwendet dabei anstelle des Oberbegriffes AODV-System die Bezeichnung Interaktives DV-System.

4.1.2./1	Grundtypen Interaktiver DV-Systeme

Ablauftyp \ Kriterien	Aufgabenstruktur	Ablaufstruktur	Standardisierbarkeit des Ablaufs
ereignisorientiert	einfach	einfach	ja
aktionsorientiert	einfach	komplex	ja
dispositiv	komplex	komplex	nein

Ereignisorientierte Aufgabenstellungen zeichnen sich durch einen einstufigen, eindeutig geregelten Ablauf aus. Beim Auftreten eines bestimmten Ereignisses wird der zugeordneten Bearbeitungsinstanz oder einem entsprechenden Programm die zu erledigende Folgeaktivität zwangsläufig übermittelt. Die vorher zu definierenden Ereignisse werden dabei innerhalb der Anwendungs- und Monitorprogramme oder über einen Vergleich der Dateneingangs- und -ausgangsströme durch spezielle Routinen erfaßt. Der Triggerteil (vgl. Abschnitt 2.3.) veranlaßt anschließend automatisch die Folgearbeiten, während der Monitor (vgl. Abschnitt 5.3.) deren Ausführung überwacht. Bezüglich der Folgevorgänge differenziert Kendler in die in Abbildung 4.1.2./2 dargestellten und um Beispiele angereicherten Vorgangsverknüpfungen (KENDLER 79, S. 320 ff.).

Im Rahmen aktionsorientierter Vorgänge müssen eine Vielzahl von in der Regel einfachen Aktionen durch unterschiedliche Stellen bearbeitet werden. Ein sogenanntes Aktionsnetzwerk gibt die Reihenfolge der Tätigkeiten und deren Zuordnung zu den Instanzen vor. Beispiele hierfür sind neben dem in Abbildung 6.2.2./1 skizzierten Ablauf eines Freigabeantrages für ein neues Produkt umfangreiche behördliche Genehmigungsverfahren, die Angebots- und Auftragsbearbeitung von Einzelfertigern oder auch die organisatorische Abwicklung einer Produktrealisierung. Das System hat für eine dringlichkeitsgerechte Ansteuerung der einzelnen Instanzen zu sorgen.

Typisch für dispositive Problemstellungen sind vielstufige Projekte, wie etwa die Entwicklung eines neuen Flugzeuges. Inhalt und Träger der einzelnen, meist komplexen Teilaufgaben werden im allgemeinen im Projektverlauf fallweise, zumeist systemunterstützt, ermittelt. Entstehen Abläufe über mehrere Stellen hinweg, so wird deren Ausführung analog zur aktionsorientierten Variante geregelt.

4.1.2./2	Vorgangsverknüpfungen ereignisorientierter Abläufe

BESCHREIBUNG	SCHEMA	BEISPIEL
a) Ereignis bewirkt Folgeverarbeitung durch eine Stelle bzw. ein Programm		Eine vom Modul Rechnungsprüfung erkannte Differenz zwischen Bestell- und Rechnungspreis löst Nachricht an Sachbearbeiter aus.
b) Ereignis zieht mehrere voneinander unabhängige Vorgänge nach sich	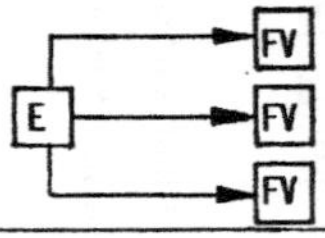	Nach Erkennen eines Konstruktionsfehlers bei einem laufenden Produkt sind der Vertrieb zu stoppen, veranlaßte Produktionsvorgänge aufzuhalten, geplante zu stornieren und die Konstruktion mit einer Änderung zu beauftragen.
c) Ereignis löst mehrere Folgearbeiten aus, die in einer bestimmten Reihenfolge zueinander ablaufen müssen (unmittelbar nacheinander oder zeitlich versetzt zueinander)	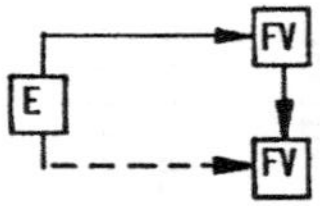	Im Rahmen der Angebotserstellung durch den Vertrieb wird die Kalkulationsabteilung zur Kalkulation eines bestimmten Teiles aufgefordert. Erst nach Übermittlung des Kalkulationsergebnisses kann vom Vertrieb der für die Angebotsfertigstellung erforderliche Preis ermittelt werden.
d) Folgevorgang wird erst dann fällig, wenn mehrere Ereignisse zum gleichen Sachverhalt auftreten.	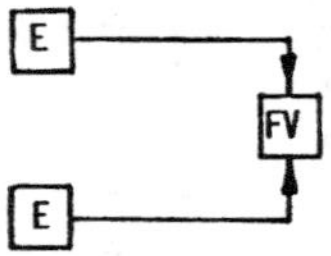	Die Materialdisposition für ein Teil soll dann stattfinden, wenn dessen Freigabe vorliegt und es sich um ein Hausteil handelt.

Legende: E = Ereignis FV = Folgevorgang

4.1.3. Nachrichtenfunktionen

4.1.3.1. Funktionen von Aktionsnachrichten

In enger Anlehnung an IBM (IBM 78, S. 2.4 f.) können die Aktionsnachrichten bezüglich ihrer Funktion gegliedert werden in

- Fehlernachrichten, hervorgerufen durch in Anwendungsprogrammen ausgeführte Formal- und Plausibilitätsprüfungen, wie sie beispielsweise bei im Batchbetrieb abgewickelten Stücklistenverwaltungsläufen auftreten können;

- aufgrund bestimmter Datenkonstellationen erzeugte Meldungen über Ausnahmesituationen, etwa Hinweise auf Unterdeckung bestimmter Teile in der Lagerwirtschaft;

- als Folge von Datenbankänderungen generierte Nachrichten oder im Rahmen von komplexeren Abläufen vorkommende Fortschritts- bzw. Fertigmeldungen, die vordefinierte Anschlußmaßnahmen anstoßen, z.B. eine Bestellung nach vorausgegangener Bedarfserfassung oder die Änderung einer Fertigungsstückliste und eines Arbeitsplanes nach Fertigmeldung einer Konstruktionsstücklisten-Modifikation;

- reine Informationsmitteilungen, etwa Arbeitsergebnisse anderer Instanzen, die bei der empfangenden Stelle keine unmittelbare Aktion auslösen;

- Erinnerungs- oder Mahnnachrichten, um terminkritische Situationen zu vermeiden oder auf solche hinzuweisen;

- von anderen Instanzen personell oder von Anwendungsprogrammen automatisch generierte Anforderungsmeldungen, z.B. zur Daten-, Material- oder Werkzeugbereitstellung.

Je nachdem, ob man formalere oder weniger formale Nachrichten im System berücksichtigt, kann man den Prozeß in unterschiedlicher Weise mit Formularen unterstützen. Für Nachrichten, die rein informellen Charakter aufweisen oder nicht DV-technische Tätigkeiten, wie beispielsweise eine Qualitätsbeanstandung bei einem Lieferanten, anstoßen, genügen relativ formlose Mitteilungen. Andererseits gibt es eine Vielzahl von Aufgaben, bei denen standardisierte, problemabhängig vorbereitete Formulare, die auch als Nachrichten-Templates bezeichnet werden (CANNING 86, S. 8), die Benutzer unterstützen. Exemplarisch seien an dieser Stelle die angeführten Fehlernachrichten genannt. Sie können so aufgebaut werden, daß die zuständige Instanz lediglich die Korrektur eingeben muß. Ein ähnliches System ist als erste Entwicklungsstufe eines weitergehenden AODV-Systems in

Zusammenarbeit mit einem Werk der Robert Bosch GmbH konzipiert worden (vgl. Abbildung 4.1.3.1./1):

4.1.3.1./1 Aktionsorientierte Stücklistenverwaltung

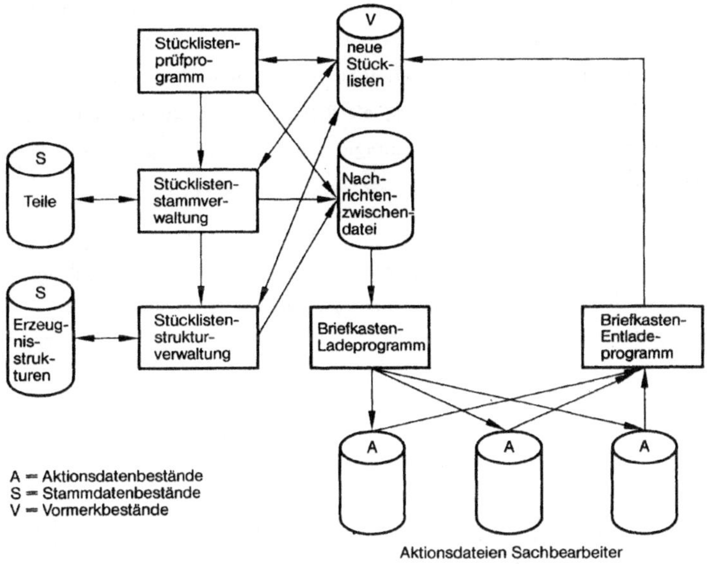

Periodisch laufende, batchorientierte Prüf- und Verwaltungsroutinen verarbeiten neu eingegebene Stücklistensätze. Stoßen die Programme auf irgendwelche Fehler, z.B. falsche Teilenummern, so werden diese in Gestalt von Fehlernachrichten über eine Nachrichtenzwischendatei und ein spezielles Modul, welches die Nachrichten den jeweiligen Aktionsstellen zuordnet, in die Postkörbe der zuständigen Sachbearbeiter geladen. Die Akteure müssen daraufhin die Korrekturen im Dialog eingeben. Anschließend werden die bearbeiteten Nachrichten von einer weiteren Routine für den nächsten Stücklistenverwaltungslauf bereitgestellt.

Als Beispiel mit einem komplexen Ablauf mag das auf dem Bürokommunikationssystem EMS 5800 implementierte System zur Unterstützung der Produktplanung bei der Unternehmensgruppe Faber-Castell stehen:

Dabei werden die für die einzelnen Phasen des Planungsprozesses entscheidungsrelevanten Informationen mittels spezieller Module aus dem vorhandenen Datenbestand selektiert, aggregiert oder disaggregiert und in verschiedenen Formularen aufbereitet. Abbildung 4.1.3.1./2 verdeutlicht diese Vorgehensweise anhand eines Investitionsantrages, in welchem die an mehreren Aktionsstellen entstandenen Informationen verschiedener Formulare verdichtet werden. So werden Absatzplan und Marketingbudgetentwurf vom Marketing, Investitionsgüteraufstellung von der Technischen Planung, Prüfmittelaufstellung von der Qualitätssicherung und Wirtschaftlichkeitsrechnung vom Rechnungswesen/Controlling erstellt. Eine Routine extrahiert aus den einzelnen, bei den Aktionsstellen abgelegten elektronischen Formularen die erforderlichen Informationen, setzt sie im Investitionsantrag an die geeignete Stelle und überspielt diesen der Geschäftsleitung, für die er als Entscheidungsgrundlage für die Genehmigung der Beschaffung neuer Investitionsgüter dient (GUTMANN 85, S. 18 f.).

4.1.3.1./2 Zusammenspiel von Aktionsstellen zur Erstellung eines Investitionsantrages (GUTMANN 85, S. 19)

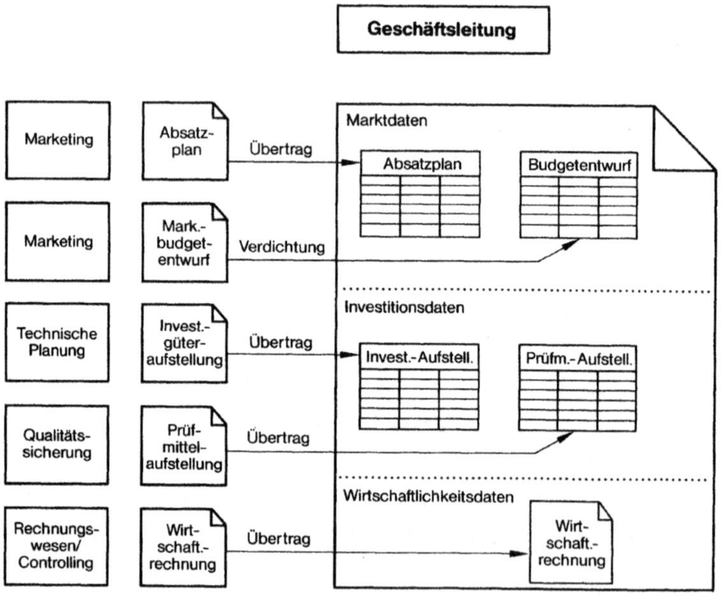

4.1.3.2. Funktionen von Triggernachrichten

Triggernachrichten kann man nach ihrer Funktion einteilen in

- Nachrichten, welche Daten an Batch- oder Dialogprogramme liefern, wie beispielsweise die oben angesprochenen Daten einer Fehlernachricht für den nächsten Stücklistenverwaltungslauf,

- Nachrichten, welche Batchprogramme anstoßen, etwa Dienstprogramme zum Anfertigen der erforderlichen Arbeitspapiere nach Fertigstellung eines Arbeitsplanes, und

- Nachrichten, welche beide Funktionen gleichzeitig erfüllen.

4.1.3.3. Funktionen von Handhabungsnachrichten

Handhabungsnachrichten schließlich können eingesetzt werden

- zur Transportsteuerung von Werkzeugen und -stücken zwischen Warenein- und -ausgang,

- zum Anstoß der Ein- und Auslagerung von Teilen, Baugruppen und Enderzeugnissen,

- zur Initiierung und Steuerung der physischen Bearbeitung eines Werkstücks sowie

- zur Initiierung und Steuerung der Qualitätsprüfung durch automatische Meßeinrichtungen.

4.1.4. Geltungsbereich der Nachrichten

Theoretisch können Aktions-, Trigger- und Handhabungsnachrichten sowohl an inner- als auch an außerbetriebliche Adressaten verschickt werden. In der Praxis jedoch spielen außerbetriebliche Empfänger momentan nur im Falle von Aktionsnachrichten eine Rolle.

Die innerbetriebliche Kommunikation wird sich zumindest dann schwierig gestalten, wenn betriebswirtschaftliche und technische Rechner miteinander kooperieren sollen. Aber auch der Informationsaustausch innerhalb rein betriebswirtschaftlicher oder rein technischer Systeme wird bei heterogenen Komponenten große Schwierigkeiten bereiten. Zur Überwindung dieser Probleme gibt es derzeit eine Reihe von Standardisierungsbemühungen, wie MAP, TOP usw. (vgl. Abschnitt 6.2.2.).

Im Rahmen der zunehmend ins Blickfeld rückenden Zwischenbetrieblichen Integration gibt es Normungsvorschläge zum Austausch aktionsrelevanter Informationen. So spezifiziert Mertens in einem Modell zur zwischenbetrieblichen Auftragsabwicklung zwischen Zulieferbetrieben und ihren Kunden Nachrichtenfelder für die Aufgaben

- autonome Angebotsübermittlung,
- Anfrage beim Zulieferer,
- Bestellung,
- Anmahnung der Lieferung,
- Auftragsbestätigung bzw. -ablehnung,
- Lieferung und
- Fakturierung (MERTENS 85, S. 82 f.).

Für ähnliche Aufgaben hat das ANSI X.12 Committee den Electronic Document Interchange (EDI)-Standard als Normungsvorschlag eingebracht. Diese Vorschrift spezifiziert Dokumentfelder, die zwischenbetriebliche Ein- und Verkaufsaktivitäten, wie Anfrage und Angabe von Preisen und Lieferbedingungen, Auftragserteilung usw., steuern (JONES 82).

Der Verband der Automobilindustrie arbeitet an genormten Schnittstellen zur Übermittlung von Fortschrittszahlen (vgl. Abschnitt 6.2.1.2.), die in diesem Industriezweig schon seit längerer Zeit die Grundlage für den Abschluß von Rahmenverträgen darstellen (MERTENS 85, S. 84).

4.2. DV-TECHNISCHE GESICHTSPUNKTE

4.2.1. Erscheinungsformen

Folgende DV-technischen Erscheinungsformen von AODV-Systemen, die sich hauptsächlich durch ihren Integrationsgrad in Applikationen und das Maß ihrer Unterstützung für arbeitsteilige Prozesse unterscheiden, sind heute anzutreffen bzw. denkbar:

1. Als integrale Bestandteile von Anwendungssystemen können automatisch generierte Arbeitsvorräte im Dialog abgerufen werden. Ein typischer Vertreter hierfür ist das PPS-System PROFIS (vgl. Abschnitt 6.2.1.2.).

2. Herkömmliche Electronic Mail-Systeme (vgl. Abschnitt 4.2.2.1.1.), über deren Standardfunktionen Nachrichten zwischen Sachbearbeitern ausgetauscht werden. Die einzelnen Aufgaben und deren Ablauf sind dabei im allgemeinen nicht vorstrukturierbar, d.h., die z.B. bei IBM-COPICS vorkommenden Standardabläufe und -aktionen (vgl. Abschnitt 3.1.1.2.) fehlen. Derartige Systeme sind in großer Zahl als Standardsoftware verfügbar. Sprachspeichersysteme verfügen über einen ähnlichen Funktionsumfang (vgl. Abschnitt 4.2.2.1.2).

3. Ein bedeutender Entwicklungsschritt besteht darin, Electronic Mail- Systeme um solche Module zu erweitern, welche diese Standardisierbarkeit zulassen. Das in Abschnitt 3.3. dargelegte System DOMINO ist ein derartiges Tool.

4. Die nächste Automatisierungsstufe wird dann die Einbeziehung der Kommunikation mit Programmen einer integrierten DV sein. Ein typischer Vertreter hierfür ist CORMES (vgl. Abschnitt 3.1.1.1.).

5. Schließlich sind im Zuge des Vordringens von CIM auch intelligente Fertigungseinrichtungen als Mitglieder der Vorgangsketten vorzusehen. Derartige Systeme sind derzeit nur ansatzweise bekannt, so beispielsweise das in Abbildung 3.2.2.3./1 gezeigte technisch-betriebswirtschaftlich kombinierte System zur Lagersteuerung als Bestandteil von MTU-CIMOS.

Bei der Realisierung von CIM-Lösungen werden künftig programmierbare Datenträger in Verbindung mit im Mikrowellenbereich arbeitenden Funkfrequenzerkennungssystemen eine bedeutende Rolle spielen. Derzeit finden solche Systeme verstärkt in der Automobilindustrie Verwendung. Abbildung 4.2.1./1 zeigt die Einbindung eines derartigen Systems in die Produktionsplanung und -steuerung bei BMW (PRETZSCH/BRESSMER 84). Es besteht aus mehreren stationär angebrachten Empfangs-/Sendeeinheiten, die als Transceiver bezeichnet werden, und mobilen Transpondern. Letztere verfügen über einen kleinen Speicher, in den alle für die Produktion relevanten Daten über Bearbeitungsreihenfolge, Varianten und Sonderwünsche von einem Mikrowellensender einprogrammiert werden. Der Transponder bleibt während der Fertigung an der Karosse. Die Transceiver sind an allen Entscheidungspunkten der Fertigung angebracht. Sie senden Signale an den Transponder, der diese empfängt, gemäß seiner gespeicherten Daten moduliert und wieder an den Transceiver überträgt. Dieser interpretiert das reflektierte Signal, gibt entsprechende Anweisungen an die Steuereinheit der betroffenen Maschine und kündigt gleichzeitig nachfolgenden Fertigungseinrichtungen die Karosse an. Die Maschinensteuereinheiten können den jeweiligen Arbeitsfortschritt im

Transponder aktualisieren lassen. Aufgrund dieser Eigenschaft weist das geschilderte System die Wesensmerkmale eines AODV-Systems auf.

4.2.1./1	Informationsfluß der Produktionssteuerung bei BMW (PRETZSCH/BRESSMER 84, S. 69)

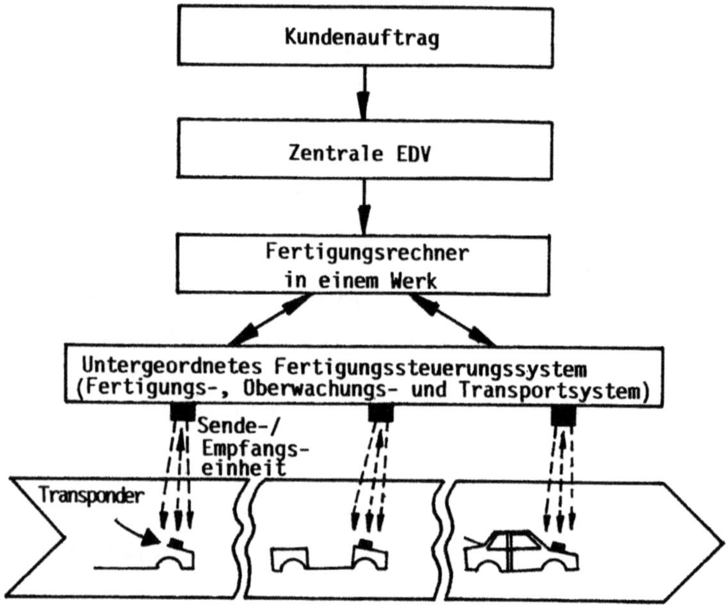

4.2.2. Kommunikationsformen

Man kann differenzieren zwischen Nachrichtensystemen, die die Nachrichten vom Absender an genau spezifizierte Empfänger übertragen, und Blackboard-Systemen, bei denen der Adressant Mitteilungen auf einem allgemein zugänglichen "Schwarzen Brett" hinterläßt und andere Teilnehmer in gewissen Abständen prüfen, ob für sie dort relevante Informationen vorliegen. Blackboard-Systeme wurden ursprünglich für die Kooperation verschiedener Expertensysteme entwickelt.

4.2.2.1. Nachrichtensysteme

Es gilt zu unterscheiden, ob die elektronischen Nachrichten textlicher oder sprachlicher Natur sind. Aus praktischer Sicht spielen andere Darstellungsarten derzeit kaum eine Rolle.

Aufgrund ihrer Integrationsmöglichkeit in Applikationssysteme eignen sich textgebundene Electronic Mail-Systeme besser als Sprachnachrichtensysteme für den Einsatz im Rahmen eines AODV-Systems. Freilich existieren einige Bereiche, in denen die Verwendung von Sprachnachrichten unter bestimmten Voraussetzungen erfolgversprechend erscheint. Dies sind in erster Linie:

- Auftragserfassung

  Kundenaufträge lassen sich über eine sogenannte Auftragssammelbox erfassen, wenn Zwischenbetriebliche Integration nicht möglich ist, weil sich der Kundenstamm beispielsweise aus einer Vielzahl von Klein- und Mittelbetrieben zusammensetzt. Mittels einer auf diese Aufgabe ausgerichteten Bedienerführung würden die Kunden alle erforderlichen Informationen, wie beispielsweise Kundenidentifikation, Produktspezifikation usw., angeben. Treten dabei Probleme auf, so kann der Kunde auf seinen Wunsch hin zum jeweiligen Sachbearbeiter verzweigen. Die strukturierten Aufträge werden in die Sprachboxen der zuständigen Erfassungspersonen geleitet, die diese der integrierten DV zuführen. Die Eingaben können ihrerseits Aktionsketten auslösen. Ein ähnliches Konzept setzt Ford ein, um die Aufträge der Vertragshändler entgegenzunehmen. Das System stellt dabei durch Fragen sicher, daß die Nachricht an den verantwortlichen Sachbearbeiter weitergeleitet werden kann (WERDELL 85).

- Technischer Kundendienst/Instandhaltung/Bereitschaftsdienst

  Hier trifft man oft auf Situationen, in denen besonders eilige Aufträge durchzuführen sind. In Verbindung mit einem Personensuchgerät können dann in der Sprachbox des betroffenen Mitarbeiters eingehende Meldungen Alarm auslösen, wobei zum Schutz vor Mißbrauch besondere Schutzmaßnahmen (Paßwort) zu treffen sind. So steuert ein amerikanisches Computerunternehmen, das über ein ausgedehntes Servicenetz verfügt, seine Kundendiensttechniker über ein solches System (OV 83). Die Verteilerfunktion gestattet es beispielsweise, eine Vielzahl von Personen mit Bereitschaftsdienst von zu Hause aus starten zu lassen. Eine Fluggesellschaft gibt auf diese Weise ihren Besatzungsmitgliedern außerplanmäßige Einsätze bekannt (OV 83).

4.2.2.1.1. Electronic Mail-Systeme

Kreifelts und Wißkirchen geben einen knappen Überblick über das Funktionsspektrum von Electronic Mail-Systemen (KREIFELTS/WISSKIRCHEN 83, S. 74 ff.). Diese Systeme treten dabei zum einen als eigenständige Lösungen auf, wie beispielsweise MEMO von Ericsson, zum anderen als Bestandteil integrierter Bürokommunikationssysteme, wie z.B. HPMAIL von Hewlett-Packard oder All-in-1 von Digital Equipment.

Als konzeptionelle Ansätze lassen sich bei ihrer Gestaltung

- datenbankorientierte,
- formularorientierte und
- prozedurorientierte

Systeme unterscheiden (SCHUMANN 86, S. 33).

Bei Ergänzung um geeignete Terminkalenderfunktionen lassen sich Electronic Mail-Systeme rasch zu AODV-Systemen ausbauen. Ein Beispiel hierfür ist das System "The Coordinator" der Action Technologies, San Francisco. Es unterstützt hauptsächlich bilaterale Kommunikation. Elektronische Nachrichten, die eine bestimmte Tätigkeit des Empfängers verlangen, wie beispielsweise die Modifikation eines Arbeitsplanes, werden vom Absender mit einem gewünschten Bearbeitungsendtermin versehen. Akzeptiert der Adressat den Termin, überträgt ihn das System automatisch in die elektronischen Terminkalender der beiden Kommunikationspartner und benachrichtigt den Absender. Andernfall müssen Absender und Empfänger sich via Electronic Mail auf einen Termin einigen. Eingetragene Termine können jederzeit storniert oder geändert werden. Ihre Einhaltung wird systemseitig überwacht und gegebenenfalls angemahnt. Canning zählt "The Coordinator" zu den Gruppenkommunikationssystemen, die eine Reihe unterschiedlicher Ausprägungen aufweisen (CANNING 86, S. 1 ff.).

Als intelligente Komponenten herkömmlicher Electronic Mail-Systeme bieten sich sogenannte IMAIL-Systeme an. Mit ihnen lassen sich solche Vorgänge abwickeln, deren Kommunikationsinhalt im wesentlichen aus Fragen und Antworten besteht. Sie zeichnen sich durch die folgenden drei Eigenschaften aus:

1. Der Absender erstellt in einer sogenannten Imessage (intelligent message) Fragen und Regeln, in denen Folgereaktionen auf mögliche Empfängerantworten angegeben sind. Der Kommunikationsprozeß spielt sich damit nicht mehr zwischen Empfänger und Absender ab, sondern zwischen der als Programm zu begreifenden Imessage und dem

Empfänger (vgl. Abbildung 4.2.2.1.1./1). In Abhängigkeit der gegebenen Antworten kann die Imessage, die zuweilen auch als aktive Nachricht bezeichnet wird, von sich aus zu anderen Akteuren verzweigen oder den Ablauf beenden (siehe unten).

2. Die Bestimmung von Empfängern erfolgt dynamisch durch die Imessage (dynamic routing). Im Extremfall genügt die Angabe des ersten Empfängers. Abhängig von Faktoren wie bisher Beteiligte, Art und Inhalt aller bisherigen Antworten oder über von externen Prozeduren erzeugte Parameter legt das Nachrichtenprogramm die künftig in den Vorgang zu involvierenden Instanzen fest.

3. Bei Erfüllung gewisser, vom Nachrichteninitiator gesetzter Bedingungen (z.B. Ablauf einer Frist oder Anzahl von Antworten) wird der Vorgang beendet. In diesem Fall erhält der ursprüngliche Absender die im Vorgangsverlauf erzeugten Informationen, gegebenenfalls statistisch aufbereitet.

An der Universität Toronto diente ein Prototyp eines derartigen Imail-Systems zur Durchführung eines Delphi-Experiments, mit dessen Hilfe die Inflationsrate des folgenden Jahres vorhergesagt werden sollte. Imail lief dabei auf einer VAX 11/780 unter UNIX. Fragen und Reaktionsregeln wurden mit Hilfe einer Prozedursprache spezifiziert.

Als künftige Erweiterungen werden u.a. eine Auskunftsfunktion, die den Absender jederzeit über den aktuellen Bearbeitungsstand informiert, und die Interaktion mit Datenbanken und mit anderen Imessages gefordert (HOGG 83; HOGG 85).

4.2.2.1.2. Sprachspeichersysteme

Sprachspeichersysteme (speech filing systems) bieten die Möglichkeit, akustische Signale (in der Regel Sprache) mit Hilfe eines Analog-Digital-Wandlers zu digitalisieren, in DV-Systemen abzuspeichern und über einen Digital-Analog-Wandler wieder in seiner natürlichen Form zu rekonstruieren. Die Speicherung digitaler Sprachsignale im DV-System gestattet die Übertragung wichtiger Funktionen von Dateiverwaltungssystemen auf diese Sprachdateien (Editieren, Kopieren, Archivieren unter symbolischen Namen (Deskriptoren), Vergabe von Zugriffsrechten usw.) (KANSY/MÜLLER 82).

Wie Electronic Mail-Systeme erlauben Sprachspeichersysteme asynchrone Kommunikation. Sie werden heute in zwei verschiedenen Einsatzformen verwendet. Dazu zählen auf der einen Seite Sprachnachrichtensysteme, die die Bearbeitung, Speicherung und Versendung

4.2.2.1.1./1	Kommunikationsablauf bei herkömmlichem Electronic Mail-System (a) und bei IMAIL (b)

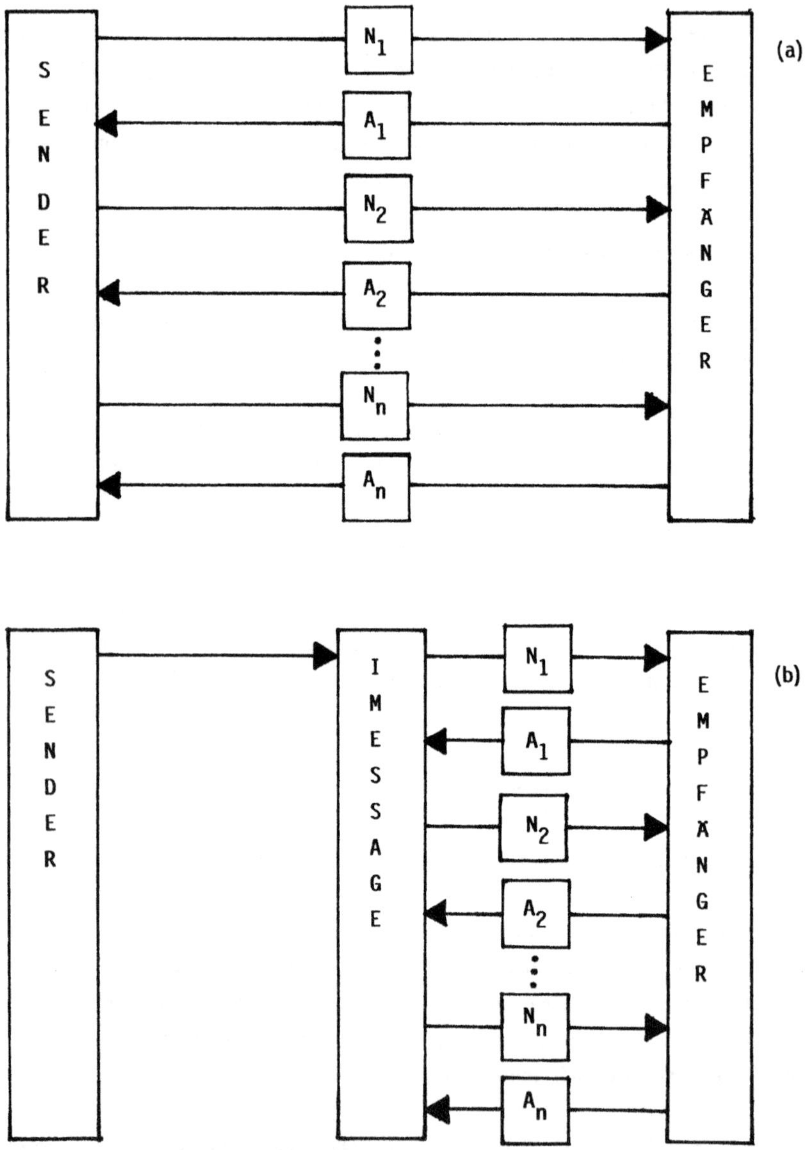

Legende: n = Anzahl der Dialoge
N_i = Nachricht i (i = 1,2,...,n)
A_i = Antwort auf Nachricht i (i = 1,2,...,n)

von rein sprachlichen Nachrichten erlauben, und auf der anderen Seite Annotationssysteme, die es ermöglichen, Dokumente, bestehend aus Text und zusätzlichen Spracharnmerkungen, zu bearbeiten, zu speichern und zu versenden.

Sprachnachrichtensysteme benutzen das digitale Sprachspeichersystem in Verbindung mit dem analogen öffentlichen Telefonsystem. Jeder registrierte Teilnehmer bekommt eine Sprachbox zugewiesen. Der Zugang wird mit Hilfe von Paßworten nur den berechtigten Teilnehmern erlaubt. Über das Telefon als Terminal kann sich der Benutzer beim Sprachnachrichtensystem anmelden und seine Sprachbox ansprechen. Er kann Nachrichten erstellen, versenden, empfangen und archivieren. Das Sprachnachrichtensystem ist von jedem beliebigen Telefon aus innerhalb und außerhalb des Unternehmens erreichbar und mit dem gesamten Funktionsumfang verfügbar. Schneider gibt eine Klassifizierung bestehender Systeme nach Leistungsumfang (SCHNEIDER 85, S. 9 ff.).

Sprachannotationssysteme werden in ein computergestütztes Bürosystem integriert und bieten die Möglichkeit, ein elektronisches Dokument an einer beliebigen Stelle mit einer sprachlichen Notiz zu versehen (z. B. Hinweise für den nachfolgenden Sachbearbeiter). Als akustischer Kanal wird meist das vorhandene Telefon verwendet. Man positioniert einen speziellen Akustikcursor, etwa in Form eines Lautsprechersymbols, auf diejenige Stelle des Dokumentes, an der man eine Anmerkung einfügen will, und spricht den gewünschten Text ins Mikrofon. Die Sprache wird digitalisiert und mit dem Dokument abgespeichert. Der sprachliche Kommentar kann jederzeit wieder ausgegeben werden, indem man den Cursor auf das Lautsprechersymbol bewegt und die Ausgabefunktion aktiviert (LEUE 83, S. 496).

Annotationssysteme erlauben das integrierte Arbeiten mit den drei Komponenten Text, Grafik und Sprache in einem Dokument (compound document). Der Einsatz von Annotationssystemen im Mailbox-Bereich erleichtert darüber hinaus die Abstimmung in arbeitsteiligen Prozessen. War es bisher nötig, mündliche Kommentare zu Schriftstücken getrennt über zwei verschiedene Kommunikationswege (z. B. Telefon und Electronic Mail) zu versenden, erlaubt die Digitalisierung der Sprache auch das Versenden von Mischkommunikationsformen in Rechnernetzen (PICOT/REICHWALD 84, S. 26). Diese Annotationssysteme können im Unterschied zu Sprachnachrichtensystemen nur vom Arbeitsplatz aus angesprochen werden.

Eine interessante Kombination von Text- und Sprachnachricht wird in diesem Zusammenhang von der Telekommunikationsgesellschaft GTE in den USA als Dienstleistung angeboten. Jeder beliebige elektronische Text (Fernschreiben, mit Textverarbeitung geschriebene Mitteilung, Nachricht im Electronic Mail-System) kann mit Hilfe von "Text-in-Sprache"-

Geräten in digitale synthetische Sprache umgewandelt und in die Sprachbox übertragen werden (OTTEN 85, S. 226).

4.2.2.2. Blackboard-Systeme

Bei einem Blackboard-System handelt es sich um eine Architektur, die voneinander unabhängige Wissensbanken über ein schwarzes Brett (Blackboard) kommunizieren läßt und auf diese Weise ein sehr schwieriges Problem schrittweise einer Lösung zuführt. Es wurde erstmals im Hearsay-Projekt angewendet, das sich mit einem Spezialgebiet der Spracherkennung, dem Verstehen zusammenhängender Sprache, beschäftigte. Abbildung 4.2.2.2./1 zeigt die Grobstruktur des hierfür entwickelten Systems Hearsay-II, welches in der Lage ist, Worte nach ihrem Kontext und nach grammatischen Regeln zu klassifizieren.

Jeder der insgesamt neun Wissensbasen sind Triggersätze zugeordnet, die spezifizieren, unter welchen Bedingungen eine Wissensbasis zu aktivieren ist. Tritt ein solches Ereignis auf, wird ein Vermerk in eine sogenannte Aktionsliste geschrieben. Ein der Blackboard übergeordnetes Steuerprogramm, welches spezielles Wissen über die geeignete Abarbeitungsreihenfolge der anstehenden Aktionen besitzt, aktiviert die jeweils geeignete Wissensbank. Diese prüft daraufhin die bisherigen Hypothesen der Blackboard, ändert oder löscht vorhandene und/oder fügt neue hinzu. Die Wissensbasen verständigen sich so lange über die Blackboard, bis diese nur noch eine einzige Hypothese besitzt, welche eine für alle Wissensbanken akzeptable Interpretation einer Sprachäußerung liefert.

Die Blackboard ist unterteilt in verschiedene Informationsbereiche, die im Falle des Hearsay-Systems jeweils einer Stufe des Dekodierprozesses (z.B. Phonem, Silbe, usw.) entsprechen. Die Einträge werden in der Reihenfolge ihres zeitlichen Eintreffens sortiert (ERMAN 80, S. 221 f.; RICH 83, S. 278 ff.; HARMON/ KING 86, S. 155 ff.).

Blackboard-Systeme stellen nur eine Möglichkeit dar, verschiedene Expertensysteme miteinander kooperieren zu lassen. Hautin und Vailly nennen drei Kooperationsformen (HAUTIN/VAILLY 86, S. 2 f.):

1) Kooperation durch Delegation
   Ein übergeordnetes Expertensystem teilt das zu lösende Problem in Einzelaufgaben und überträgt diese an andere Expertensysteme. Hierzu zählt das Hearsay-System.

2) Kooperation durch Ausschreibung
   Hier können Expertensysteme im Anschluß an die Problemdekomposition Angebote zur Übernahme von Teilproblemen einreichen. Das übergeordnete System entscheidet auf der Basis der eingegangenen Angebote.

3) Kooperation durch Wettbewerb
   Die einzelnen Expertensysteme übernehmen von sich aus ein oder mehrere Unterprobleme und konkurrieren z.T. miteinander. Das übergeordnete System wählt aus den Lösungen aus.

4.2.2.2./1 Grobstruktur des Hearsay-II-Systems (HARMON/KING 86, S. 157)

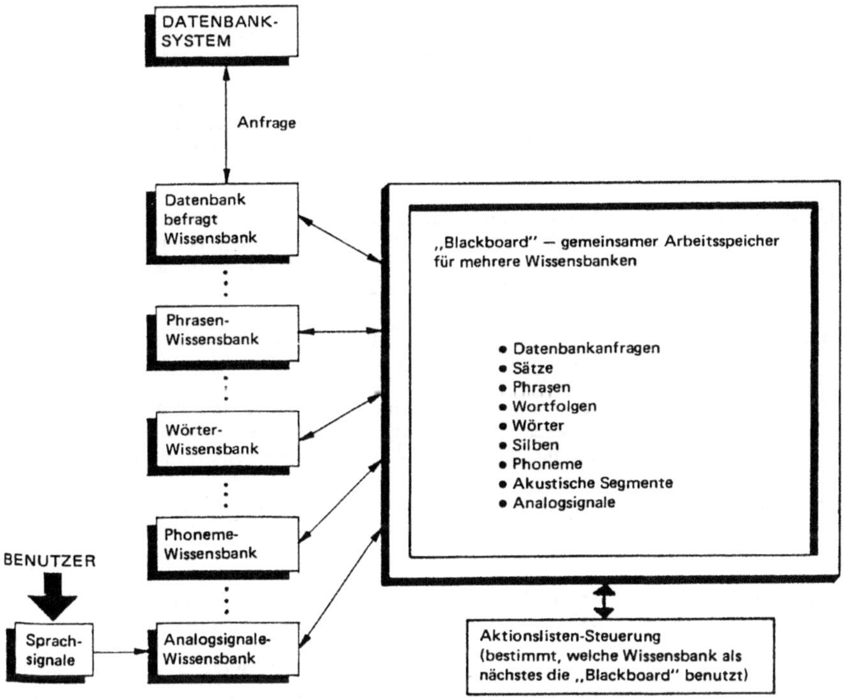

Diese Kooperationsformen lassen sich auf AODV-Systeme übertragen, die sich nicht bzw. nicht ausschließlich aus Expertensystemen zusammensetzen.

Beispielsweise könnte die unter 1) dargelegte Vorgehensweise zur Regelung des Fertigungsablaufs durch die Einrichtung eines "elektronischen Leitstandes" eingesetzt werden:

Alle Unregelmäßigkeiten der Fertigung würden in geeigneter Form auf eine Blackboard geschrieben. Dazu können systemseitig erfaßte Abweichungen, beispielsweise einer Sollfortschrittszahl (vgl. Abschnitt 6.2.1.2.), ebenso zählen wie personell über Electronic Mail gemeldete Maschinenstörungen. Ähnlich dem Hearsay-System trifft eine intelligente Ablaufsteuerung die Entscheidung über die Abarbeitungsreihenfolge, ruft die betroffenen Programme auf, teilt den zuständigen Instanzen die zu treffenden Maßnahmen mit oder löst gar eine Umplanung aus.

4.3. LITERATUR

CANNING 86	Canning McNurlin, B. (Hrsg.), Spotlight on group services, EDP Analyzer 24 (1986) 11.
ERMAN 80	Erman, L.D., Hayes-Roth, F., Lesser, V.R. und Reddy, D.R., The Hearsay-II speech-understanding system: Integrating knowledge to resolve uncertainty, Computing Surveys 12 (1980) 2, S. 213 ff.
GUTMANN 85	Gutmann, B., Einsatz des Bürokommunikationssystems EMS 5800 zur Unterstützung der Produktplanung bei einem Markenartikelhersteller, Konzeption und Programmierung - Teil 2, Diplomarbeit, Nürnberg 1985.
HARMON/KING 86	Harmon, P. und King, D., Expertensysteme in der Praxis, München-Wien 1986.
HAUTIN/VAILLY 86	Hautin, F. und Vailly, A., La coopération entre systèmes experts, Interner Arbeitsbericht des Centre national d'études des télécommunications, Lannion Cedex (Frankreich) 1986.
HOGG 83	Hogg, J., Mazer, M., Gamvroulas, S. und Tsichritzis, D., Imail - an intelligent mail system, Database Engineering 6 (1983) 3, S. 36 ff.
HOGG 85	Hogg, J., Intelligent message systems, in: Tsichritzis, D. (Hrsg.), Office Automation, Berlin-Heidelberg 1985, S. 113 ff.
IBM 78	IBM Deutschland GmbH (Hrsg.), COPICS-Anwendungsbeschreibung - Aktionsorientierte Konstruktions- und Produktionsdatenverwaltung, IBM-Form GH12-1270, o.O. 1978.
JONES 82	Jones, T.C., Paving the way for universal document interchange, Data Communications 11 (1982) 7, S. 123 ff.

KANSY/MÜLLER 82	Kansy, K. und Müller, B.S., Speech filing systems, Informatik-Spektrum 5 (1982) 3, S. 191 f.
KENDLER 79	Kendler, H., Mensch-Computer-Dialoge zur Erstellung technischer Grunddaten in der Flugzeugindustrie, Dissertation, Nürnberg 1979.
KENDLER 80	Kendler, H., Computergestützte Ablauforganisation im Bürobereich, Angewandte Informatik 22 (1980) 9, S. 357 ff.
KREIFELTS/WISS-KIRCHEN 83	Kreifelts, T. und Wißkirchen, P., Informationstechnik im Büro, in: Wißkirchen u.a., Informationstechnik und Bürosysteme, Stuttgart 1983, S. 43 ff.
LEUE 83	Leue, G., Moderne Formen elektronischer Post, Office Management 6 (1983) 33, S. 494 ff.
MERTENS 85	Mertens, P., Zwischenbetriebliche Integration der EDV, Informatik-Spektrum 8 (1985) 2, S. 81 ff.
OTTEN 85	Otten, K.W., Sprachpost: Vervollständigung des elektronischen Büros, Office Management 35 (1985) 3, S. 224 ff.
OV 83	o.V., Sprachkommunikation via voicemail, Computerwoche vom 4.11.1983, S. 29.
PICOT/REICHWALD 84	Picot, A. und Reichwald, R., Bürokommunikation - Leitsätze für den Anwender, München 1984.
PRETZSCH/ BRESSMER 84	Pretzsch, H.-U. und Bressmer, D., Radio frequency system of identification lowers costs, facilitates production for german auto maker, Industrial Engineering 16 (1984) 11, S. 64 ff.
RICH 83	Rich, E., Artificial intelligence, Auckland u.a. 1983.
SCHNEIDER 85	Schneider, H., Untersuchungen zur Anwendung von Sprachspeichersystemen im betriebswirtschaftlichen Bereich, Diplomarbeit, Nürnberg 1985.
SCHUMANN 86	Schumann, M., Computerunterstützte Eingangspostbearbeitung in Bürokommunikationssystemen unter besonderer Berücksichtigung des Expertensystemansatzes, Dissertation, Nürnberg 1986.
WERDELL 85	Werdell, J., Ford entdeckt das Sprachinformationssystem, Office Management 35 (1985) 2, S. 114.

5. Ansätze zur Gestaltung Aktionsorientierter DV-Systeme

5.1. NACHRICHTENVERWALTUNGS- UND -VERTEILUNGSSYSTEM

Im folgenden werden Vorschläge zu Funktionsinhalt und -ausgestaltung des Nachrichtenverwaltungs- und -verteilungssystems unterbreitet. Da künftig zu realisierende Aktionsfolgen alle genannten Nachrichtentypen einbeziehen dürften, wird nachstehend - sofern nicht explizit erwähnt - diesbezüglich nicht unterschieden. Allerdings liegt wegen der spezifischen Eigenschaften menschlicher Aktionsstellen der Schwerpunkt zwangsläufig auf dem Aktionsteil.

5.1.1. Aufgabeneinsteuerung

Mit Hilfe dieser Funktion sind die für eine konkrete Aufgabenstellung erforderlichen Aktionen, deren sachlogische und zeitliche Abhängigkeiten und die ausführenden Instanzen zu determinieren.

Im Falle von aktions- und ereignisorientierten Abläufen (vgl. Abschnitt 4.1.2.) wird diese Funktion sehr stark systemunterstützt bzw. ganz automatisiert ablaufen. So muß im erstgenannten Fall die vorgangsverantwortliche Bearbeitungsstelle mit Hilfe geeigneter Dialogfunktionen lediglich die gespeicherten Standardabläufe und -aktionen der jeweiligen Problemstellung anpassen und um aufgabenspezifische Eingabedaten ergänzen (vgl. Abschnitt 3.1.1.2.). Im Falle einer aktionsorientierten Anfrage- und Angebotsbearbeitung sind beispielsweise

> Kunde oder Kundennummer, Datum des Anfrageeingangs, Anfragenummer des Kunden, Produkt, Menge und Liefertermin

einzugeben.

Bei ereignisorientierten Systemen erfolgt die Einsteuerung automatisch im Anschluß an eine programmierte Ereignisfilterung und -behandlung (KENDLER 79, S. 330 ff.; IBM 78, S. 4.8 ff.).

Ein Großteil der in der betrieblichen Praxis vorkommenden, menschliche Aktionsstellen betreffende Aufgabenstellungen läßt sich jedoch nicht auf diese einfachen Abläufe abbilden. Insbesondere der Bestimmungsgrad des Vorgangsverlaufs ist oft wesentlich geringer.

So ist vorstellbar, daß zwar alle in Frage kommenden Teilaufgaben des Ablaufs bekannt sind, der Vorgangsverantwortliche ("Initiator") aber zum Einsteuerungszeitpunkt nicht entscheiden kann, welche dieser Aktionen im Vorgangsverlauf ausgeführt werden. Bei den in Abbildung 6.2.2./1 dargestellten Arbeitsfolgen zur Einführung eines neuen Produktes entfallen beispielsweise die Aktion "Beschaffung von Teile- und Werkzeugmustern" sowie die nachgelagerte Qualitätsprüfung, wenn die erforderlichen Komponenten bereits vorhanden sind. Dieser Umstand wird eventuell aber erst nach dem Erstellen der Fertigungsstückliste erkannt.

Weitere Schwierigkeiten kommen hinzu, wenn sich der Ablauf an Entscheidungsknoten in unterschiedliche Pfade auffächert. Dies wirkt sich insbesondere auf die Terminplanung nachteilig aus (vgl. Abschnitt 5.1.2.1.). Ein relativ einfaches Beispiel für einen solchen Prozeß stellt das im folgenden skizzierte Konzept einer integrierten Anfrage- und Angebotsabwicklung bei der INA Wälzlager Schaeffler KG (vgl. Abbildung 5.1.1./1) dar:

Die sich auf ein Wälzlager beziehende Anfrage des Kunden kann sowohl im Vertrieb als auch in der Abteilung Anwendungstechnik eintreffen. Bei Eingang im Vertrieb klärt der zuständige Sachbearbeiter, ob es sich um ein Standard- oder ein Sonderlager handelt, bestimmt im Falle eines Standardlagers den Preis und erstellt das Angebot. Anfragen, die sich auf Sonderlager beziehen, spielt er in den Postkorb des zuständigen Technikers. Dieser konzipiert daraufhin eine grobe Anwendungslösung. Stößt er bei der nachfolgenden Recherche auf eine identische Anwendungslösung, transferiert er den Vorgang zum Zweck der Preisbildung und Angebotserstellung innerhalb des Electronic Mail-Systems an den Vertrieb. Findet er dagegen nur ein ähnliches Sonderlager, klärt er dessen Eignung mit dem Kunden ab und übergibt den Vorgang wieder an den Vertrieb, sofern der Kunde der Lösung zustimmt. Lehnt der Kunde das Lager ab oder findet der Techniker bei seiner Recherche keine adäquate Lösung, muß ein spezielles Gremium, das sich u.a. aus Mitarbeitern der Fertigung, der Kalkulation, des Vertriebs und der Technik zusammensetzt, darüber entscheiden, ob für den Kunden ein neues Sonderlager entwickelt werden soll. Lehnt das Gremium eine Neuentwicklung ab, so informiert der Vertrieb hierüber den Kunden, ansonsten legt ein Techniker das Lager aus und erstellt die Zeichnung, bevor er den Vorgang wieder als Aktionsnachricht an den Vertrieb zur Preisbildung und Angebotserstellung übersendet (BARTHELME 86, S. 9 ff.).

In beiden Fällen läßt sich der Standardablauf so aufbauen, daß der jeweilige Bearbeiter bei der Weitergabe des Vorgangs aus einer Anzahl von Folgeaktionen wählen kann. Dabei wird ihm die wahrscheinlichste Folgeaufgabe vorgeschlagen. Diese Entscheidungshilfe generiert entweder der Vorgangsveranwortliche zum Zeitpunkt der Aufgabeneinsteuerung oder ein spezielles Modul während des Durchlaufs. Im Fall des programmgestützten Vor-

5.1.1./1	Ablauf der Anfrage- und Angebotsbearbeitung (BARTHELME 86, S. 15)

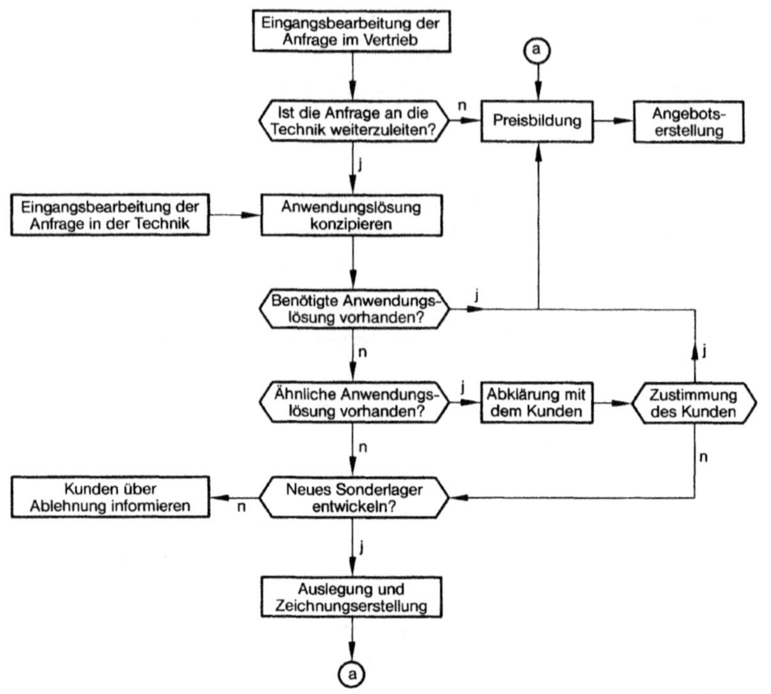

schlages müssen die Entscheidungen der Benutzer zusammen mit Merkmalen, wie der zum jeweiligen Entscheidungszeitpunkt vorliegenden Datenkonstellation, registriert sein, so daß das System in der Lage ist, die für die jeweilige Situation wahrscheinlichste Folgeaufgabe zu prognostizieren. Für die oben skizzierte Anfrage- und Angebotsbearbeitung könnten die Entscheidungen von folgenden Merkmalen abhängen:

- Lagertyp, z.B. Gleitlager
- Anwendungstyp, z.B. Zahnradpumpe
- Einbaumaße und -hinweise,
- Umgebungsbedingungen,
- Stückzahl,
- Preisobergrenze/Stück,

- Lieferwunschtermin,
- Kunde.

In einer Vorverarbeitung filtert das System die für die Entscheidungen relevanten Merkmale heraus. Dabei können Merkmale wegfallen, während sich andere als absolute Bestimmungsfaktoren herauskristallisieren, sofern sie nicht bereits vom Menschen vorgegeben sind. Als eine derartige Vorgabe ist beispielsweise vorstellbar, daß Anfragen bestimmter Automobilhersteller nicht abzulehnen sind. Infolgedessen wird die Frage, ob gegebenenfalls ein neues Sonderlager zu entwickeln ist (vgl. Abbildung 5.1.1./1), immer mit ja beschieden. Auf der Grundlage der vorverarbeiteten Daten mißt das System die jeweiligen Parameter, ordnet sie aufgrund ihrer Ausprägungen den Entscheidungsklassen zu und schägt dem Menschen die wahrscheinlichste Folgeinstanz vor. Diese entscheidungsunterstützende Vorgehensweise, die in Abbildung 5.1.1./2 veranschaulicht wird, entspricht einem Mustererkennungsprozeß mit überwachtem Lernen (NIEMANN 74, S. 13 ff.; MERTENS 77, S. 781). Sie gewährleistet auch bei Bearbeitung der Aufgabe durch einen Stellvertreter (vgl. Abschnitt 5.1.2.1.) eine gewisse Ablaufsicherheit.

Weiter lassen sich die Aktionen in solche klassifizieren, die im Verlauf der Bearbeitung ausgeführt werden müssen, wie im oben angesprochenen Beispiel die Erzeugnisfreigabe, und solche, die nicht generell anfallen, wie etwa die Musterbeschaffung und -prüfung (Muß-/Kannaktionen).

Falls mögliche Folgeaufgaben weder personell im voraus noch systemseitig bestimmt werden können, sind Anlaufstellen vorzusehen, die über den weiteren Durchlauf zu befinden haben.

Am elegantesten und auch am zuverlässigsten läßt sich die Folgeaufgabenproblematik lösen, wenn die Verzweigung an Entscheidungsknoten von solchen Informationen abhängt, die aus vorgelagerten Aktionen und/oder algorithmisch aus gespeicherten Daten ableitbar sind. Im skizzierten Beispiel (vgl. Abbildung 5.1.1./1) müßte hierzu im Rahmen der Eingangsbearbeitung der Vertrieb das nachgefragte Lager in vorgeschriebener Weise spezifizieren, so daß die Suche nach einem verwendbaren Standardlager in einer speziellen Datenbank programmgestützt ablaufen kann. Je nach Ergebnis der Recherche in der Standardlagerdatenbank wird entweder die Preisbildung oder die Grobkonzeption einer Anwendungslösung die darauffolgende Aktion sein. Programmtechnisch lassen sich Regeln für das daten- bzw. aktionsabhängige Verzweigen in Gestalt von Entscheidungstabellen abbilden. Dort legt man die Bedingungen und die bei deren Eintreffen durchzuführenden Aktionen fest. In ähnlicher Weise können Transformationsregeln für die problemaufbereitete Darstellung von Nachrichten, d.h. aufgabenspezifische Vorschriften darüber, welche

5.1.1./2 Mustererkennungsprozeß mit überwachtem Lernen (MERTENS 77, S. 781)

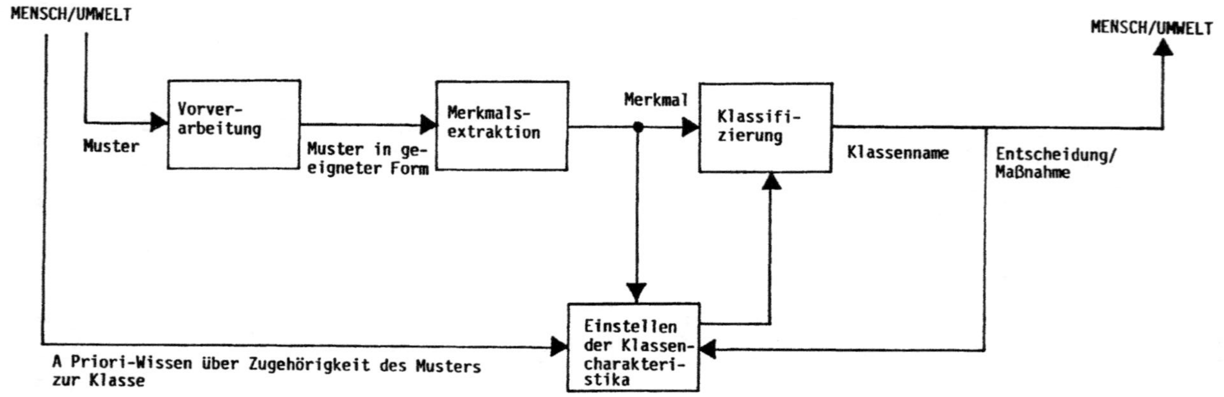

Informationen für nachgelagerte Bearbeitungsvorgänge bereitzustellen sind, realisiert werden.

Bezüglich der unterschiedlichen Formen des an dieser Stelle zu definierenden Aufgabeninhalts sei auf Abschnitt 5.1.4. verwiesen.

Die Zuweisung der Aufgaben zu den Aktionsstellen erfolgt über ihre Adressen bzw. über Stellenbezeichnungen. Für eine qualifikationsbezogene Zuteilung wäre eine ausgeklügelte Logik erforderlich, die im Prinzip den aus dem Personalwesen bekannten Verfahren zur Personal-Aufgaben-Zuordnung entspricht. Da diese Methoden jedoch gravierende Mängel aufweisen, bleiben sie hier außer Betracht (MERTENS 86a, S. 253 f.).

5.1.2. Ablaufplanung

5.1.2.1. Terminplanung

Diese Funktion hat zur Aufgabe, den genauen zeitlichen Ablauf der Aktionen zu bestimmen. Naturgemäß ist für einstufige Abläufe keine Terminplanung erforderlich, jedoch können vom Absender gewünschte Fertigstellungstermine angegeben werden. Ansonsten kommen als Terminierungsverfahren grundsätzlich die vom PPS-Sektor bekannten Methoden (MERTENS 86a, S. 152 ff.) in Frage. Da hier jedoch auch menschliche Instanzen einbezogen sind, treten zu den dort bekannten Schwierigkeiten und Problemen weitere hinzu:

- Um eine zahlenmäßig einigermaßen abgesicherte Terminplanung durchführen zu können, müssen die Bearbeitungszeiten aufgabenspezifisch für einzelne Aktionsstellen gespeichert und laufend fortgeschrieben werden.

  -- Die einzelnen Bearbeitungszeiten sind viel stärker als die Fertigungszeiten mit Unsicherheiten behaftet, da der Umfang und die Komplexität der einzelnen Vorgänge von Fall zu Fall differieren und nicht von vornherein genau bestimmbar sind. So hängt beispielsweise die Konstruktionszeit für ein Lager stark von dessen Typ ab.

  -- Ein weiteres Problem stellt in diesem Zusammenhang die Gefahr einer automatisierten Leistungs- und Verhaltensüberwachung der Mitarbeiter dar. So entschied der erste Senat des Bundesarbeitsgerichtes in seinem Urteil vom 14.9.1986, daß schon die bloße Verarbeitung von Leistungs- und Verhaltensdaten ausreicht, um ein

Mitbestimmungsrecht des Betriebsrates zu begründen (OV 85). Dadurch kann sich die Realisierung derartiger Komponenten zumindest verzögern. Auf die Problematik einer automatisierten Verhaltens- und Leistungsüberwachung wird ausführlicher in Abschnitt 5.3. eingegangen.

- Wie bereits in Abschnitt 5.1.1. erwähnt, läßt sich bei einer Vielzahl von Aufgabenstellungen zum Zeitpunkt der Einsteuerung der genaue Durchlauf durch das Unternehmen nicht festlegen.

Aufgrund dieser Probleme empfiehlt es sich, die Terminierungsmethode aufgabenspezifisch und in Abhängigkeit von sonstigen Rahmenbedingungen zu wählen. Dies impliziert, daß in AODV-Systeme mehrere Terminplanungsverfahren einzubinden sind. Ferner sollte das Planungsraster wegen der unsicheren Bearbeitungszeiten bezüglich eines einzelnen Vorgangs lediglich Tagesgenauigkeit aufweisen.

Bei bestimmten Aufgabenstellungen wird man unter Umständen auf eine Terminplanung ganz verzichten. In diesen Fällen werden die einzelnen Aktionen ohne Angabe von Bearbeitungsterminen den zuständigen Akteuren zugeteilt, sobald die Voraussetzungen dafür vorliegen, z.B. sachlich davorliegende Maßnahmen abgeschlossen sind. Als Anhaltspunkt für die Bearbeitungsdringlichkeit kann neben einer extern vergebenen Priorität der Endtermin des Gesamtvorgangs angegeben sein. Durch den Verzicht auf eine zeitliche Planung begibt man sich aller Terminüberwachungsmöglichkeiten für zwischengelagerte Instanzen. Es könnte lediglich eine Prüfung der Verweilzeit der Aufgabe bei den einzelnen Aktionsstellen erfolgen (vgl. Abschnitt 5.3.).

Als Ergebnis einer Durchlaufterminierung erhält man je nachdem, ob man progressiv oder retrograd terminiert, die frühesten und spätesten Beginn- und Endtermine sowie die akkumulierten Kapazitätsbedarfe je Instanz und Periode (MERTENS 86a, S. 155).

Dabei gilt es zu unterscheiden, ob man auf der Basis von gespeicherten oder von geschätzten Bearbeitungszeiten terminiert.

Eine auf Terminschätzungen beruhende Durchlaufterminierung kann man sich beispielsweise für den in Abbildung 6.2.2./1 dargestellten Ablauf eines Freigabeantrags vorstellen. In diesem Fall würde der genau spezifizierte Antrag den betroffenen Aktionsstellen mit einer terminierten Aufforderung zu einer Aufwands- und Terminschätzung überspielt werden. Das Monitorsystem überwacht die rechtzeitige Eintragung dieser Termine und mahnt sie gegebenenfalls an. Wird nun im Rahmen der auf der Zeitschätzung aufbauenden Terminplanung festgestellt, daß der Endtermin der Antragsbearbeitung aufgrund der geschätzten Ausführungszeiten überschritten wird, ist automatisch ein Terminkoordinator einzuschalten. Dieser hat daraufhin eine Terminabstimmung mit den involvierten Instanzen herbeizuführen. Die endgültigen Bearbeitungszeiten werden wiederum vom Monitorsystem überwacht. Diese Vorgehensweise scheint einen guten Kompromiß zwischen Wahrung eines gewissen Entscheidungsspielraums der Mitarbeiter und einer DV-gestützten Terminüberwachung darzustellen.

Bei einigermaßen gesicherten Bearbeitungszeiten, die permanent fortzuschreiben sind, entfällt der personelle Schätzaufwand. Können Fertigstellungstermine nicht gehalten werden, so ist die oben geschilderte Koordinierung der Termine anzustoßen. Als Beispiel kann man die in Abschnitt 4.1.3.1. geschilderte Erstellung eines Investitionsantrags heranziehen, bei der die von den kooperierenden Instanzen auszuführenden Tätigkeiten auf lange Sicht nahezu gleichen Umfang und damit auch gleiche Bearbeitungszeit aufweisen dürften.

Eine Erweiterung der Durchlaufterminierung in Richtung Kapazitätsausgleich liegt vor, wenn Belastungsschranken berücksichtigt werden. Es ist vorstellbar, daß jede menschliche Instanz eine auf aktionsgesteuerte Vorgänge begrenzte Belastungsschranke definiert, möglichst in Absprache mit dem Vorgesetzten. Diese könnte ebenso wie der errechnete Kapazitätsbedarf im Terminmanagementsystem abgespeichert sein. Stellt nun das System bei der Terminplanung für eine Aufgabe fest, daß Kapazitätsgrenzen verletzt werden, so versucht es, die Aktion einem vordefinierten Stellvertreter zu übertragen. Die "automatische Stellvertreterlösung" muß sich abhängig von den Tätigkeiten einer Aktionsstelle unterschiedlich gestalten lassen. So kann es im Extremfall erforderlich werden, für jeden Aufgabentyp einer Instanz einen anderen Stellvertreter vorzusehen, da die auszuführenden Aktionen inhaltlich sehr stark differieren und/oder verschiedene Spezialkenntnisse voraussetzen. Andererseits mag es im Falle von Aktionsstellen mit einfacherem Aufgabenprofil genügen, nur eine Vertretung anzugeben. Wenn eine Übertragung der Aufgabe nicht gelingt, weil beispielsweise die Kapazitätssituation des Stellvertreters ebenfalls angespannt ist, wird der betroffenen Bearbeitungsstelle die Überlast angezeigt und die Lösung der Engpaßsituation überlassen.

Als weitere Verfeinerung könnte die spezifische Terminsituation menschlicher Aktionsstellen Eingang in die Terminierungsrechnung finden, so daß die terminliche Realisierbarkeit der Aktivitäten im voraus abgeprüft werden kann ("Verfügbarkeitsprüfung"). Hierzu müssen die Akteure längerfristig geplante Absenzen, wie Urlaub, Lehrgänge oder dergleichen, dem Terminmanagementsystem (vgl. Abschnitt 5.2.) grundsätzlich mitteilen. Durch Zugriff auf diese benutzerindividuellen Termine lassen sich terminkritische Verschiebungen u.U. vermeiden, indem beispielsweise die Mitarbeiter hinsichtlich ihrer Abwesenheitszeiten umdisponieren müssen oder im extremen Fall Personaleinbestellungen veranlaßt werden.

Die angeführten Lösungsansätze sind untauglich, wenn entscheidungsbedingte Abläufe vorliegen, bei denen die alternativen Pfade abweichende Durchlaufzeiten aufweisen. Ein gangbarer Weg besteht darin, den Endtermin für den längsten Durchlauf als groben Anhaltspunkt zu errechnen und detailliert immer nur bis zum nächsten Entscheidungsvorgang zu planen (Teilablaufplanung). Ergeben sich im Vorgangsverlauf kürzere Pfade, so wird der Endtermin entsprechend korrigiert und diese Korrektur anschließend dem Initiator mitgeteilt.

Zur Wahrung einer gewissen Dispositionsfreiheit ist eine Feinplanung im Sinne einer Kapazitätsterminierung für menschliche Aktionsstellen nicht vorzusehen. Dementsprechend fungiert als hauptsächlicher Steuerungsmechanismus das Monitorsystem, welches die fristgerechte Ausführung überwacht. Eine möglichst kurze Durchlaufzeit wird über die in Abschnitt 5.1.2.2. angeführten Maßnahmen angestrebt. Gleichwohl sollte dem Akteur durch die Vergabe von Prioritäten die relative Dringlichkeit der einzelnen Aufgaben angezeigt werden, wobei die auf diese Weise erfolgte Sortierung im Arbeitsvorrat nur als Vorschlag für eine Bearbeitungsreihenfolge zu verstehen ist. Kendler nennt die hierfür aus dem Fertigungssektor auf AODV-Systeme übertragbaren Prioritätsregeln (KENDLER 79, S. 246 ff.). Es erscheint jedoch ratsam, den Prioritätswert in Abhängigkeit von der Aufgabenstellung festzulegen. So schlägt Barthelme für die aktionsorientierte Anfrage- und Angebotsbearbeitung der Abbildung 5.1.1./1 vor, die unterschiedliche Bedeutung einer Anfrage in der Prioritätskennziffer zu berücksichtigen. Als Einflußgrößen kommen u.a. der Stellenwert des Kunden und der erwartete Auftragswert in Betracht (BARTHELME 86, S. 40 f.).

Die angeführten Terminierungsverfahren werden im allgemeinen im Anschluß an die Aufgabeneinsteuerung eingesetzt. Es kann sich aber aufgrund von Störungen oder sonstigen Veränderungen (z.B. Kunde wünscht früheren Lieferzeitpunkt) ergeben, daß ein Ablauf beschleunigt oder abgebremst werden muß. In diesem Fall ist ein Terminplanungslauf während der Vorgangsbearbeitung zu veranlassen.

5.1.2.2. Maßnahmen zur Reduzierung der Durchlaufzeit

Ähnlich der Durchlaufzeit eines Produktes während des Produktionsprozesses gliedert sich die Zeit für den Durchlauf administrativer Vorgänge durch verschiedene Instanzen in mehrere Anteile auf. Bei instanzenbezogener Betrachtungsweise können folgende Komponenten der Durchlaufzeit auftreten:

- Transportzeit,
- Verweilzeit vor, während und nach der Bearbeitung,

- Bearbeitungszeit.

Neben dem Anteil für die eigentliche Durchführung einer Aufgabe (vgl. Abschnitt 5.1.4.) umfaßt die Bearbeitungszeit noch weitere Komponenten, die sich beispielsweise auf folgende Tätigkeiten zurückführen lassen:

- Rüsten (Vorbereiten)
  -- geistig, z.B. häufiges Wiedereinarbeiten in einen Vorgang aufgrund unvollständiger Unterlagen,
  -- DV-technisch, z.B. durch aufwendige Suchprozesse mit hoher Antwortzeit, wenn die zur Bearbeitung erforderlichen Informationen zwar gespeichert, aber nicht problembezogen zugänglich sind,
- Übertragen von Daten,
- Archivieren,
- Abstimmen und Kontrollieren.

Diesen Faktoren sind noch prozeßbedingte Bestandteile, wie beispielsweise eine Erhöhung der Durchlaufzeit wegen aufwendiger Nachbearbeitungszeiten aufgrund mangelnder Arbeitsqualität, hinzuzufügen.

Im Fertigungssektor bauen Maßnahmen zur Verkürzung der Durchlaufzeit in der Regel auf verschiedenen Analyseverfahren auf. Die häufigsten dieser Methoden sind

- Auswertungen von Laufkarten oder besonderen Rückmeldungen,
- Multimomenthäufigkeitsverfahren in Verbindung mit Multimomentzeitmeßverfahren,
- Arbeitsinhalt-Zeitfunktionen (GERLACH/BOBENHAUSEN 86, S. 84).

Daraus lassen sich statistische Aussagen zur Struktur der Zeitanteile und somit Hinweise auf Ansatzpunkte zur Reduzierung der Durchlaufzeit gewinnen.

In moderneren PPS-Konzepten sind Module für ein Durchlaufzeit-Controlling integriert. Dabei werden die für ein vorgelagertes, dialogorientiertes Berichtssystem erfaßten Daten verwendet. Durch eine solche Kopplung entfällt ein Großteil des Erhebungsaufwandes. Abbildung 5.1.2.2./1 gibt einen Überblick über die mögliche Ausgestaltung eines Durchlaufzeit-Controllingmoduls mit den Phasen Kontrolle, Analyse und Maßnahmenfindung/-durchsetzung (STOLDT 86, S. 40 ff.).

Im Verwaltungsbereich werden in zunehmendem Maß Bürokommunikationsanalysen durchgeführt, um Schwachstellen aufzudecken und Möglichkeiten zur Effizienzsteigerung herauszufinden. Maßnahmen zur Durchlaufzeitreduzierung fallen dabei häufig als "Abfallprodukt" an. In jüngerer Zeit sind jedoch vermehrt reine Durchlaufzeitanalysen anzutreffen. So schildert Kexel ein auf MPM-Netzplänen basierendes DV-gestütztes Verfahren, welches zum Ziel hat, die Einhaltung der Plandurchlaufzeiten zu erreichen (KEXEL 86). Hierzu werden die Abläufe über Fragebogen erfaßt und abgespeichert. Im Anschluß an die Berechnung der Durchlaufzeiten aller Pfade werden diejenigen, die eine Planüberschreitung bedingen, daraufhin untersucht, ob mit relativ geringem Aufwand Reduzierungen möglich sind. Das Hauptaugenmerk liegt dabei auf einer Verkürzung der Verweilzeiten bei solchen Vorgängen, die von mehreren dieser Pfade tangiert werden.

Interessant erscheint der Ansatz, die Organisationsstruktur eines Unternehmens oder Teilbereiche davon in einem Rechner abzubilden. Hierzu werden ausgehend von den Unternehmenszielen die zur Zielerfüllung erforderlichen Aufgaben bestimmt und in ihre Elementaraufgaben zergliedert. So kann die Unternehmensaufgabe "PKW-Verkauf" aus Elementaraufgaben wie "Versenden von Prospektmaterial", "Angebotserstellung" , "Bestellabwicklung" u.a.m. bestehen. Die Zuordnung der zu bearbeitenden Elementaraufgaben zu den ausführenden Instanzen ergibt die Organisationsstruktur. Darüber hinaus sind die Aufgaben noch mit geeigneten Deskriptoren, wie z.B. Bearbeitungsmethode (Ablegen, Kalkulieren usw.), übergeordnete Teilaufgabe, Häufigkeit und Dauer, zu versehen. Schließlich müssen die Informationsflüsse und -inhalte eingegeben werden. Auf der Basis dieser Angaben kann man rechnergestützte Auswertungen, wie beispielsweise Zeitanalysen, vornehmen. Im Rahmen einer What-if-Simulation lassen sich dann die Auswirkungen verschiedener organisatorischer Maßnahmen durchspielen, so daß interaktiv ein den jeweiligen Vorstellungen (z.B. kurze Durchlaufzeit) entsprechendes optimales Organisationsmodell "eingestellt" werden kann. Eine kürzere Durchlaufzeit mag zum einen beispielsweise dadurch erreicht werden, daß sich aufgrund des Einsatzes moderner Hilfsmittel die Abarbeitungszeiten reduzieren. Zum anderen kann die Abwicklung von Teilaufgaben auch durch eine Umstrukturierung der Elementaraufgaben beschleunigt werden (KRALLMANN 86). Bei einem solchen Konzept dürfte allerdings ein hoher Aufwand für die Erstellung der Daten sowie deren Pflege zu betreiben sein.

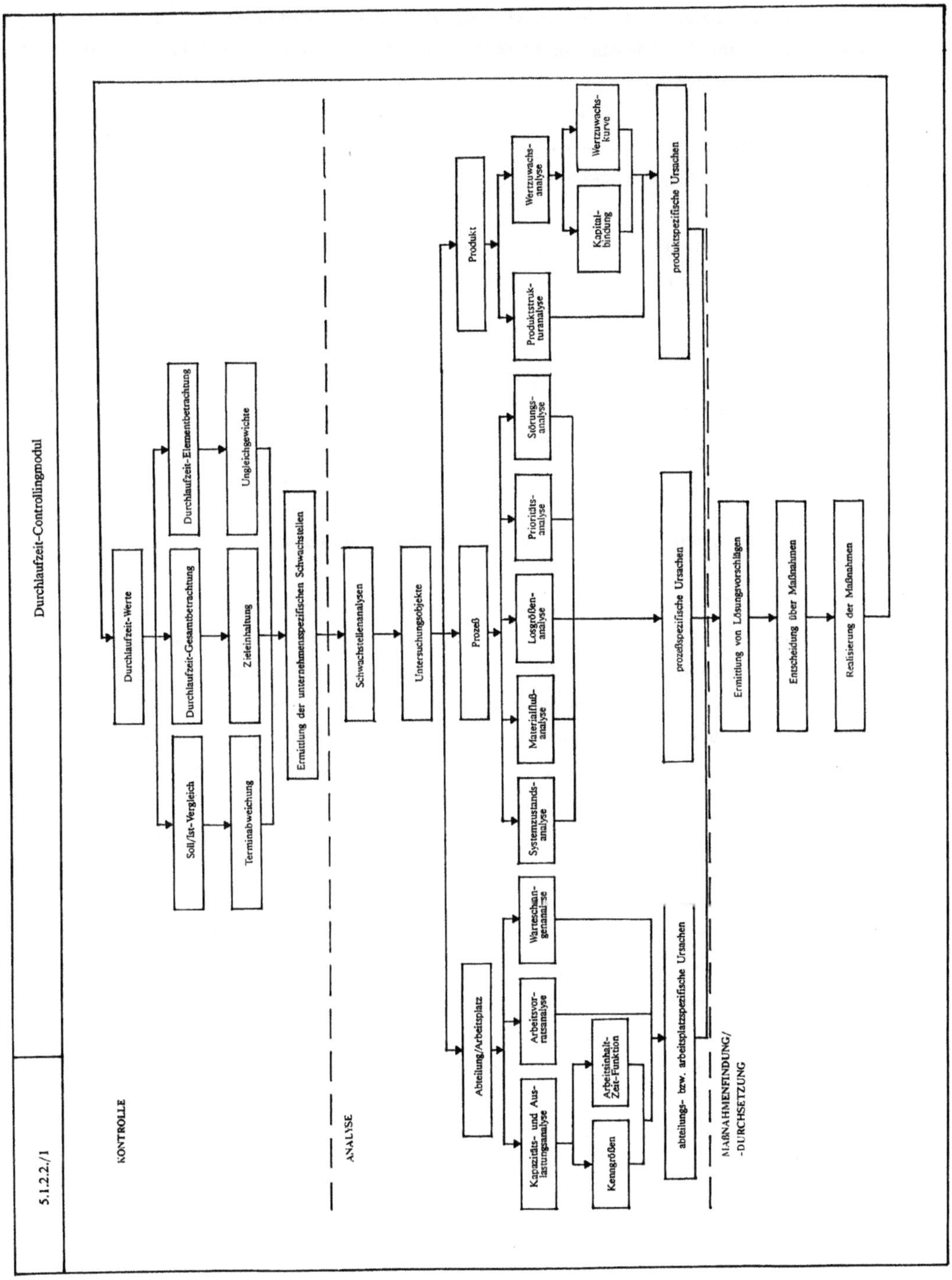
5.1.2.2./1
Durchlaufzeit-Controllingmodul
KONTROLLE
Durchlaufzeit-Werte
Soll/Ist-Vergleich
Durchlaufzeit-Gesamtbetrachtung
Durchlaufzeit-Elementbetrachtung
Terminabweichung
Zieleinhaltung
Ungleichgewichte
Ermittlung der unternehmensspezifischen Schwachstellen
ANALYSE
Schwachstellenanalysen
Untersuchungsobjekte
Abteilung/Arbeitsplatz
Prozeß
Produkt
Kapazitäts- und Auslastungsanalyse
Arbeitsvorratsanalyse
Warteschlangenanalyse
Kenngrößen
Arbeitsinhalt-Zeit-Funktion
Systemzustandsanalyse
Materialflußanalyse
Losgrößenanalyse
Prioritätsanalyse
Störungsanalyse
Produktstrukturanalyse
Wertzuwachsanalyse
Kapitalbindung
Wertzuwachskurve
abteilungs- bzw. arbeitsplatzspezifische Ursachen
prozeßspezifische Ursachen
produktspezifische Ursachen
MAßNAHMENFINDUNG/
-DURCHSETZUNG
Ermittlung von Lösungsvorschlägen
Entscheidung über Maßnahmen
Realisierung der Maßnahmen

Aufgrund besonderer Eigenschaften von AODV-Systemen verkürzen sich einige der genannten Zeitanteile ohne zusätzliche Maßnahmen. So reduziert sich die Transportzeit, die in konventionellen Abläufen ca. 6-8% der gesamten Durchlaufzeit ausmacht, durch die bekannten Eigenschaften von Electronic Mail-Systemen in eine unbedeutende Größenordnung. Verweilzeiten können beispielsweise durch eine geeignete Terminüberwachung, Bearbeitungszeiten durch DV-gestützte Organisationshilfen vermindert werden.

Bei Erweiterung einzelner Komponenten kann ein AODV-System über die genannten Verkürzungen der Durchlaufzeit hinaus zusätzliche Maßnahmen zur Reduzierung auslösen. Hierunter fallen:

- Verminderung der Zahl der zu durchlaufenden Stationen,
- Verringerung der Verweilzeiten,
- Verkürzung der Bearbeitungszeiten.

5.1.2.2.1. Reduzierung der Zahl der zu durchlaufenden Stationen

Weitreichende Nutzeffekte vermag ein AODV-System zu erbringen, wenn es Anhaltspunkte zur Verminderung der zu durchlaufenden Stationen erkennen, Lösungen aufzeigen und gegebenfalls gleich durchsetzen kann. Die Möglichkeit zu derartigen organisatorischen Änderungen wird in der Regel nur durch aufwendige Bürokommunikationsanalysen festgestellt. Voraussetzung für eine automatisierte Lösung ist, daß der gesamte Ablauf eines mehrere Instanzen umfassenden Vorgangs DV-technisch gesteuert wird und somit meßbar ist. Daraus ergibt sich die Forderung, daß die Ausführung nicht DV-technischer Tätigkeiten, wie z.B. die telefonische Bestellung bei einem Lieferanten, dem System grundsätzlich mitgeteilt werden muß.

Ein erfolgversprechender Ansatzpunkt zur Reduzierung der zu durchlaufenden Stationen liegt in der Eliminierung von rein sichtenden Bearbeitungsstellen. In herkömmlichen Abläufen werden teilweise an einer Bearbeitungsstelle eingehende Informationen unverändert weitergeleitet, gelegentlich geschieht dies sogar über mehrere, aufeinanderfolgende Instanzen hinweg. Als ein Beispiel hierfür wird im folgenden die Anfragebearbeitung in der Exportabteilung eines Maschinenbauunternehmens mit auftragsorientierter Fertigung skizziert, wobei es sich um die Erstanfrage nach einem speziellen Wälzlagertyp handelt (HERBERT 86, S. 10):

Der für das nachgefragte Lager zuständige Exportsachbearbeiter leitet die Anfrage des Kunden bzw. der Auslandsvertretung an die Abteilung "Anwendungstechnik" weiter. Dort werden nach eventuellen Klärungen mit dem Kunden die Problemlösung konstruiert und die dabei anfallenden Zeichnungen sowie das für die Vorkalkulation benötigte Formular "Kalkulationshinweis" an den Export zurückgeschickt. Dieser gibt seinerseits die Unterlagen an eine für die Preisbildung zuständige Abteilung weiter, die daraufhin von der Kalkulationsabteilung auf dem Kalkulationshinweis basierende vorkalkulierte Teilekosten sowie von der Vertriebsdisposition einen möglichen Liefertermin ermitteln läßt. Auf der Grundlage der Teilekosten und anderer Einflußgrößen, wie z.B. erzielbarer Marktpreis, wird schließlich der Angebotspreis festgelegt und dem Export mitgeteilt. Abbildung 5.1.2.2.1./1 verdeutlicht diesen Belegfluß.

Somit nimmt bei diesem Beispiel der zur Ermittlung der vorkalkulierten Teilekosten benötigte Kalkulationshinweis den Weg

Anwendungstechnik --> Export --> Preisbildung --> Kalkulation,

wobei während des gesamten Durchlaufs keine Bearbeitung der Informationen dieses Formulars stattfindet.

Setzt man diesen Ablauf voraus, so könnte eine automatisierte Lösung dem in Abbildung 5.1.2.2.1./2 gezeigten Schema folgen, wenn die Aufgabenbearbeitung lediglich eine Änderung der Nachricht, in diesem Fall des Kalkulationshinweises, darstellt. Das Modul "Analyse Aufgabendialog" wertet die im Rahmen des aktuellen Aktionsdialoges erfolgten Funktionsaufrufe aus. Die nachfolgende Komponente aktualisiert die Datei "Aktionshistorie", deren möglichen Inhalt Abbildung 5.1.2.2.1./3 wiedergibt. Die Auswertungsroutine läuft in größeren Abständen, z. B. monatlich. Wird nun ein Vorgang erkannt, den eine Instanz prinzipiell nur sichtet, aber nicht bearbeitet, so könnte das System dem Vorgangsverantwortlichen (= Initiator des gesamten Vorgangs) eine automatisch generierte Nachricht überspielen, aufgrund derer er quasi "per Kopfdruck" entscheiden kann, ob die betroffene Instanz weiterhin in die Bearbeitung dieses Vorgangs involviert wird. Entscheidet er sich für die Beibehaltung dieser Stelle im Ablauf, weil es sich beispielsweise um eine Kontrollinstanz handelt, so ist auch diese Entscheidung abzuspeichern, damit der Vorgangsverantwortliche nicht nach jedem Auswertungslauf denselben Vorschlag überspielt bekommt. Überlegenswert erscheint allerdings, ob der Vorschlag in größeren Zeitabständen wiedervorgelegt werden sollte, da sich unter Umständen in der Zwischenzeit Randbedingungen geändert haben. Beschließt der Initiator aber, daß die Instanz künftig zu überspringen ist, so soll dem betroffenen Mitarbeiter eine entsprechende Nachricht übermittelt werden. Dabei sollte ihm angeboten werden, daß er in Zukunft eine Vorgangskopie erhält, sofern er nicht - wie im skizzierten Beispiel die Exportabteilung - den Vorgang automatisch zu einem späteren Zeitpunkt überspielt bekommt.

5.1.2.2.1./1

Ablauf einer Anfragebearbeitung

1. Eingang der Anfrage ① und
   evtl. der Zeichnung ②
   vom Kunden oder
   der Auslandsvertretung
2. Ergänzungsangaben ③ beifügen
3. Erstellen Konstr.-Zeichnung ④
   und Kalkulationshinweis ⑤
4. Weiterleiten Anfrage ①
   Ergänzung ③
   Konstr.-Zeichnung ④
   Kalkulationshinweis ⑤
   an die Preisbildung
5. Weiterleiten Konstr.-Zeichnung ④
   Kalkulationshinweis ⑤
   an die Kalkulation
6. VTK ⑥ ermitteln
7. Weiterleiten Konstr.-Zeichnung ④
   Kalkulationshinweis ⑤
   an die Vertriebsdisposition
8. Liefertermin ⑦ ermitteln
9. Preis ⑧ ermitteln
10. Angebot ⑨ schreiben
11. Angebot ⑨ versenden

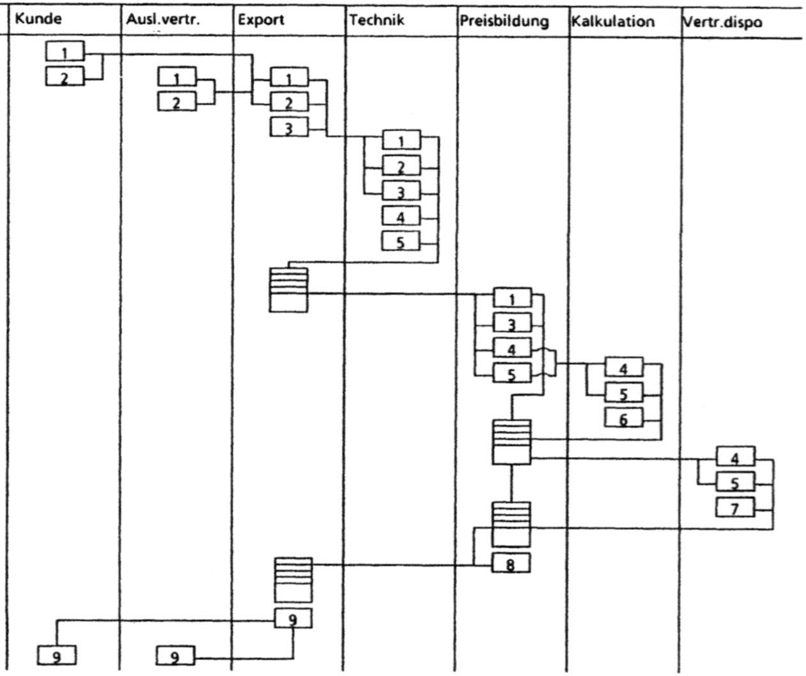

5.1.2.2.1./2 Logik zur Eliminierung von rein sichtenden Bearbeitungsstellen

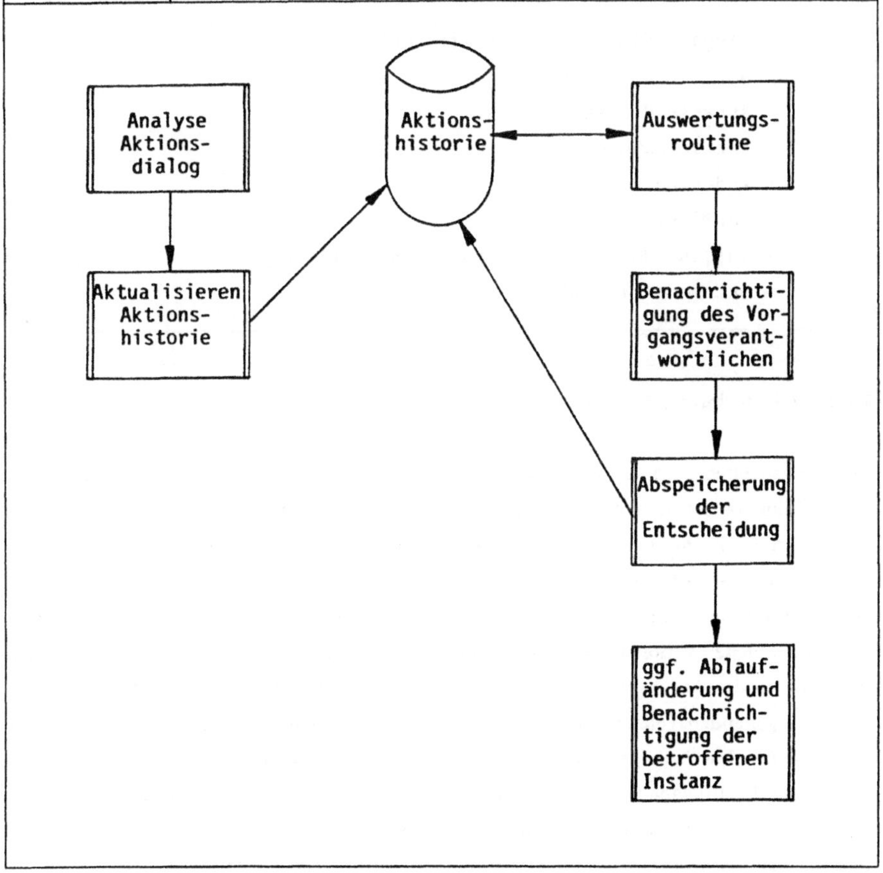

Komplizierter wird die Situation, wenn die Aktionsstelle die Bearbeitung in einem anderen Anwendungsprogramm vorzunehmen hat. Besteht die Möglichkeit eines Wechsels dorthin ohne zusätzliches Ab- und Anmelden, so sind analog zur Ereignisfilterung (vgl. Abschnitt 5.1.1.) die Datenströme exakt zu analysieren, um eine eventuelle Bearbeitung feststellen zu können. Nur mit sehr hohem DV-technischen Aufwand dürfte dagegen eine von einer Aktionsnachricht initiierte Bearbeitung registrierbar sein, wenn diese Wechselmöglichkeit nicht besteht.

5.1.2.2.1./3	Datei Aktionshistorie
	- Eingangsdatum und -uhrzeit der Nachricht - Adresse des Akteurs - Adresse des Verteilers - Bezeichnung der Aktion - Änderungsvermerk - Fertigstellungsvermerk - Entscheidung des Vorgangsverantwortlichen - Datum des letzten Vorschlags

5.1.2.2.2 Reduzierung der Verweilzeiten

Die Verweilzeiten lassen sich verringern, wenn alle Aufgaben in Gestalt problemaufbereiteter Formulare zugeteilt werden (vgl. Abschnitt 5.1.1.). In diesem Fall sind Transformationsregeln in Form von Entscheidungstabellen im System gespeichert (vgl. Abschnitt 5.1.1.). Damit ist aber bekannt, welche Informationen eine Instanz zur Vorgangsbearbeitung benötigt. So läßt sich über eine in kürzeren Abständen laufende Routine herausfinden, für welche Aktionen alle erforderlichen Vorarbeiten geleistet sind. Diese können daraufhin in die Arbeitsvorräte der verantwortlichen Stellen überspielt werden, ohne daß die vorhergehenden Teilaufgaben von ihren Bearbeitern fertig gemeldet sind. Um sicherzustellen, daß keine Zwischenergebnisse oder dergleichen weitergeleitet werden, sollte jeder Akteur bei der Eingabe gezwungen werden, solche Informationen , die vor Beendigung der Aufgabe weitergereicht werden können, in geeigneter Weise zu kennzeichnen. Dies läßt sich beispielsweise über in einer Datei abgespeichertes Kontrollwissen abprüfen, welches beispielsweise Grenzen für Feldeinträge u.ä. beinhaltet (SCHUMANN 86, S. 39). Liegen nun Eingaben, die von nachgelagerten Instanzen benötigt werden, innerhalb der dort eingetragenen Bereiche, so wird der Bearbeiter vor dem Verlassen der jeweiligen Funktion für jeden dieser Einträge vom System gefragt, ob er endgültig ist. Mit Hilfe einer einfachen Ja/Nein-Entscheidung kann der Bearbeiter quasi per Knopfdruck entscheiden, ob er ein Feld zur vorzeitigen Weitergabe freigibt. Nach dem Weiterleiten der Information und erstmaligem Zugriff durch die nachgelagerte Bearbeitungsstelle kann der Inhalt dieser Felder vom ursprünglichen Bearbeiter nicht mehr modifiziert werden. Als Beispiel hierfür mag die in Abschnitt 4.1.3.1. geschilderte Erstellung eines Investitionsantrags stehen. Wenn man unterstellt, daß zur Ermittlung der Prüfmittelaufstellung über den Einkauf Preise einzuholen sind und eine im Hintergrund laufende Routine derartige Anfragen zu Losen zusammenfaßt, um so günstigere Konditionen zu erzielen, kann folgende Situation eintreten: Der Preis für ein dringend benötigtes Prüfgerät liegt ebenso wie die auf der Basis der Anfragemenge getroffene Vereinbarung über die Konditionen bereits vor, während für andere Prüfautomaten noch technische Klärungen ausstehen und somit auch deren Preis noch nicht endgültig fixiert werden kann. Damit gilt die Anfrageaktion als nicht fertiggestellt und wird üblicherweise bis zur endgültigen technischen Klärung nicht weitergeleitet. Die oben geschilderte Vorgehensweise würde dagegen eine sofortige Weitergabe des Preises für das Prüfgerät ermöglichen.

5.1.2.2.3. Reduzierung der Bearbeitungszeiten

Bürokommunikationssysteme ermöglichen auf der einen Seite spezielle Organisationsformen, die ansonsten nicht durchsetzbar sind. So konnte beispielsweise bei der Vereins- und Westbank in Hamburg aufgrund des Einsatzes von EMS 5800 von einer sparten- zu einer kundenorientierten Geschäftsabwicklung übergegangen werden. Vorher hätte diese Organisationsform mit ihrem erweiterten Aufgabenspektrum zu einer Überforderung der Sachbearbeiter geführt (KOCH 86, S.12 f.). Gleichwohl können solche Änderungen vereinzelt zu Steigerungen der Bearbeitungszeit führen.

Auf der anderen Seite lassen sich die Bearbeitungszeiten an einzelnen Arbeitsplätzen durch eine Reihe von Prüfroutinen reduzieren. Beispielsweise führen folgende Module als Bestandteil der systeminternen Ablaufsteuerung (vgl. Abschnitt 5.1.3.) zu einer Durchlaufzeitreduzierung:

- Formale und logische Eingabedatenprüfung.

  Damit soll die Weitergabe fehlerhafter Informationen, die unter Umständen eine langwierige Nachbearbeitung bedingt, vermieden werden.

- Prüfung auf vollständige Unterlagen.

  Der Vorgang wird erst dann in den Arbeitsvorrat des zuständigen Sachbearbeiters eingereiht, wenn alle für ihn relevanten Informationen gesammelt sind. Somit geht keine "geistige Rüstzeit" durch wiederholtes Einarbeiten verloren.

- Reihenfolgeprüfung.

  Hierdurch soll ein Fehlleiten der Informationen vermieden werden. So läßt sich beispielsweise ausschließen, daß eine Fertigungsstücklisten-Modifikation vor einer ihr prinzipiell vorauszugehenden Änderung der Konstruktionsstückliste angestoßen wird.

Ein erfolgversprechender Ansatz zur Reduzierung von Bearbeitungszeiten könnte darin bestehen, an geeigneten Stellen menschliche Akteure durch Expertensysteme zu ersetzen. Einsatzmöglichkeiten hierfür bestehen beispielsweise bei der oben ausgeführten Anfrage- und Angebotsabwicklung (BARTHELME 86, S. 39). So ist denkbar, daß ein Kalkulationsprogramm in Verbindung mit einem Expertensystem verschiedene Varianten eines neuen Sonderlagers durchkalkuliert. Ein weiteres Beispiel ist eine programmgestützte Recherche in einer Know-How-Datenbank. Dabei sucht dieses Programm für einen spezifizierten Anwendungsfall nach vorhandenen Lagerkonstruktionen. Abbildung 5.1.2.2.3./1 vermittelt einen Eindruck von weiteren Einsatzfeldern im Fertigungs- und fertigungsnahen Bereich, die einer Bestandsaufnahme über Vorschläge und Beschreibungen von Expertensystemen in der Betriebswirtschaftslehre entnommen ist (MERTENS 86b, S. 8 ff.).

5.1.2.2.3./1	Einsatzfelder für Expertensysteme als Bestandteile von AODV-Systemen (MERTENS 86, S. 8 ff.)

- Intelligenter Konstruktionsarbeitsplatz
- Ableitung von Arbeitsplänen aus Erzeugnisbeschreibungen
- Kombinierte Produkt-/Produktionsplanung
- Auswahl von lagernden Fertigerzeugnissen oder Bauteilen
- Angebotsausarbeitung bei kundenwunschorientierter Fertigung
- Technischer Kundendienst
- Lieferantenauswahl
- Terminplanung (Scheduling)
- Kapazitätsdisposition
- Anlagensteuerung
- Robotersteuerung
- Generierung von Qualitätskontrollvorschriften aus Produktspezifikationen
- Qualitätskontrolle
- PPS-Diagnose
- Einbestellungsdisposition, z. B. bei flexiblen Arbeitszeiten

5.1.3. Ablaufsteuerung

Die systeminterne Ablaufsteuerung hat im einzelnen die folgenden Aufgaben zu erfüllen:

1) a) Alle Instanzen, die im Rahmen einer Vorgangskette an der Bearbeitung beteiligt sein müssen, sind einzuschalten.

   b) Die überflüssige oder fehlerhafte Einschaltung von Bearbeitungsstellen ist zu vermeiden.

   Beides kann über die in Abschnitt 5.1.1. geschilderte Zuteilungslogik für Folgeaktionen sowie die Möglichkeit, im Zweifel Anlaufstellen einzubeziehen, realisiert werden.

2) Die Aufgaben sind erst dann in die Arbeitsvorräte der zuständigen Instanzen einzureihen, wenn alle Zuteilungsbedingungen (z. B. Fertigstellung der vorgelagerten Teilaufgaben, Vorhandensein aller für die Bearbeitung erforderlichen Informationen, Erreichen des geplanten Starttermins) erfüllt sind. Bei Abläufen, für die aus unterschiedlichen Gründen im Rahmen der Terminplanung (vgl. Abschnitt 5.1.2.1.) die Kapazitätssituation unberücksichtigt bleibt, ist an dieser Stelle abzuprüfen, ob die zuzuteilende Aktion eine Überlastung herbeiführen würde. In diesem Fall wären die in Abschnitt 5.1.2.1. geschilderten Maßnahmen zum Kapazitätsausgleich zu ergreifen.

3) Aufgrund kurzfristig gemeldeter Abwesenheitszeiten (vgl. Abschnitt 5.2.) sind Aufgabenumverteilungen zu veranlassen, die solche Aktionen betreffen, deren Endtermine innerhalb der gemeldeten Absenzen liegen. Unter Umständen ist auch an eine Beschränkung auf Aufgaben bestimmter Priorität zu denken. Kann über die automatische Stellvertreterlösung (vgl. Abschnitt 5.1.2.1.) kein neuer Bearbeiter eingesetzt werden, so wird entweder der Vorgesetzte des Abwesenden oder der Initiator des Vorgangs eingeschaltet.

4) Fehlerhafte oder unvollständige Aktionen sollen möglichst nicht weitergeleitet werden. Dies läßt sich über in einer Datei abgespeichertes Kontrollwissen abprüfen, welches beispielsweise Grenzen für Feldeinträge u.ä. beinhaltet (SCHUMANN 86, S. 39).

5) Der gesamte Durchlauf wird lückenlos mit Aktionsstelle und -inhalt dokumentiert, so daß bei fehlerhaften oder unvollständigen Angaben die dafür verantwortliche Instanz problemlos gefunden werden kann.

6) Bei geeigneten Abläufen (vgl. Abschnitt 5.1.2.1.) wird die aufgabenspezifische Bearbeitungszeit registriert.

5.1.4. Vorgangsbearbeitung (Arbeitsvorratsverwaltung)

Der Akteur wählt sich mittels Dialogfunktionen aus seinem Arbeitsvorrat Aufgaben aus, wobei die vorgeschlagene Bearbeitungsreihenfolge im allgemeinen nicht zwingend ist.

Je nach Aufgabeninhalt und Funktion der Nachricht (vgl. Abschnitt 4.1.3.) gestaltet sich die Bearbeitung auf unterschiedliche Art und Weise:

1) Die Nachricht ist Anstoß zu einer nicht DV-technischen Aktion. Hierunter fallen beispielsweise physische Tätigkeiten wie die Qualitätsprüfung im Wareneingang oder die Beschaffung von Teilen und Werkzeugen. Um die Funktionsweise des AODV-Systems zu gewährleisten, meldet der Akteur Änderungen des Arbeitsfortschritts, wie beispielsweise Beginn oder Abschluß von Vorgängen, Teilfertigstellungen usw.

2) Die Bearbeitung erfolgt direkt in der Nachricht, die in diesem Fall Formularcharakter aufweist. Ein Beispiel hierfür wäre der in Abschnitt 5.1.2.2.1. angesprochene Kalkulationshinweis, der vom Anwendungstechniker mit charakteristischen Produktdaten versehen und an die Kalkulationsabteilung zur Durchführung der Vorkalkulation transferiert wird. Weitere Beispiele sind die in Abschnitt 4.1.3.1. dargestellten Konzepte zur Aktionsorientierten Stücklistenverwaltung und zur Unterstützung der Produktplanung.

3) Ist nicht prognostizierbar, welche Informationen aus einer Vielzahl von Dokumenten der einzelne Akteur benötigt, so können die Unterlagen über ein zentrales elektronisches Ablagesystem zugänglich gemacht werden. Hierfür scheinen sich insbesondere hierarchisch organisierte, konventionellen Ablagen nachempfundene Systeme zu eignen. Dort gibt es Aktenschränke mit Ordnern, in denen die Schriftstücke aufbewahrt sind, usw. In diesem Fall enthält die Aktionsnachricht lediglich einen Hinweis auf den Ordner, so daß über dessen Inhaltsverzeichnis auf das erforderliche Schriftstück zugegriffen werden kann. Um Inkonsistenzen zu vermeiden, ist dafür zu sorgen, daß nur der "aktuelle" Akteur zugreifen kann (BARTHELME 86, S. 36 ff.).

4) Die Bearbeitung erfolgt in einem Anwendungsprogramm. Wäre beispielsweise die oben skizzierte Stücklistenverwaltung als Dialoglösung realisiert, könnte der Sachbearbeiter nach Eingang der Fehlernachricht in die entsprechenden Administrationsprogramme - möglichst unter Mitnahme des Ordnungsbegriffes - verzweigen und den Fehler dort im

Dialog beheben.

5.1.5. Auskunftsfunktion

Während der Vorgangsbearbeitung muß jederzeit Auskunft über den aktuellen zeitlichen und inhaltlichen Bearbeitungsstand gegeben werden können. Folgende Informationen müssen deshalb verfügbar sein:

- die zur Zeit aktive Stelle,
- die an einem Vorgang bisher beteiligten Instanzen mit den jeweiligen Beginn- und Abschlußzeitpunkten,
- die bisher erfaßten Daten,
- eventuell aufgetretene Zwischenergebnisse,
- voraussichtlicher Fertigstellungstermin.

Diese Auskunftsbereitschaft benötigt jeder am Vorgang Beteiligte.

5.2. TERMINMANAGEMENTSYSTEM

Die üblichen Funktionen eines DV-gestützten Systems zur Terminverwaltung, -planung und -vereinbarung (Elektronischer Terminkalender) schaffen einerseits durch das Führen personen- und damit akteursbezogener Terminkalender die Voraussetzungen für ein funktionsfähiges Terminmanagement im Rahmen einer AODV, etwa zur Prüfung der terminlichen Realisierbarkeit von Schlüsselaktivitäten. Als integrale Bestandteile von Electronic Mail-Systemen lösen sie andererseits aber selbst Aktionen aus, beispielsweise in Form von Nachrichten zur Aufforderung von Terminbestätigungen.

Um ein möglichst naturgetreues Abbild der persönlichen Terminsituationen zu erhalten, sind folgende Funktionen für einen Elektronischen Terminkalender erforderlich:

- Terminverwaltung

  -- Buchen dienstlicher Termine, die sich nicht über die teilautomatische Terminplanung (siehe unten) vereinbaren lassen (z.B. mit Vertretern), oder privater Termine (z.B. Arztbesuch).

-- Einbringen längerfristiger personenbezogener Absenzen (z.B. für Lehrgänge oder Urlaub) oder unternehmensbezogener und sonstiger arbeitsfreier Zeiträume (z.B. Betriebsferien, Feiertag).
-- Aussperren bestimmter Zeiten (z.B. alle Nachmittage für halbtags Beschäftigte).
-- Vergabe von Zugriffsrechten (z.B. Sekretärin kann Terminkalender von Chef verwalten).

- Teilautomatische Terminplanung und -vereinbarung

-- Terminvorschlag: System überprüft die Realisierbarkeit einer vorgegebenen Teilnehmer-Zeit-Kombination und übernimmt im günstigen Fall einer Lösung die Anfrage als Eintrag in die Kalender der vorgesehenen Teilnehmer.
-- Terminbestätigung bzw. -ablehnung der Teilnehmer.
-- endgültige Terminfixierung bzw. -ablehnung seitens des Terminverantwortlichen in Abhängigkeit von der Bestätigungsrate.
-- nachträgliche Terminstornierung von einem vorgesehenen Teilnehmer oder -absetzung seitens des Terminverantwortlichen.

Auf fremdinitiierte Kalendereinträge, Stornierungen und Absetzungen weisen automatisch generierte Aktionsnachrichten hin.

Für eine leichte Handhabung sollte der Kalender eine hierarchische Aufbereitung (Tag/Woche/Monat) mit unterschiedlichem Detaillierungsgrad besitzen und die einzelnen Terminstadien durch verschiedene Statusausprägungen (z.B. für private, vorgeschlagene oder fixierte Termine) kennzeichnen können.

In derzeit verfügbaren Terminmanagementsystemen, wie etwa All-in-1 Calendar von DEC, sind diese Funktionen in aller Regel vorhanden (RUSSER 85, S. 2). In diesen Systemen zumeist nicht enthaltene Verfeinerungen, wie etwa Termine mit unterschiedlichem Gewicht (z.B. in Abhängigkeit der Hierarchiestufe des Termininitiators) und daraus resultierende Verdrängungsstrategien, Buchung von Ressourcen oder Räumen oder gar die Erweiterung um Komponenten für Dienstreisebeantragung, -abrechnung und -bericht, können zusätzliche Anreize zur Förderung einer kontinuierlichen Nutzung und Akzeptanz dieses Systems darstellen. Denn nur der konsequente Gebrauch des im Gegensatz zu einem herkömmlichen Taschenkalender nicht permanent verfügbaren Elektronischen Kalenders sorgt für einen "sinnvollen" Einsatz, da die Effizienz der Terminplanung und somit auch die der AODV in hohem Maße davon abhängen.

Zu den angeführten Hauptfunktionen eines Terminmanagementsystems erfordert eine funktionierende AODV zusätzliche Funktionen zum Abspeichern und Verwalten von Belastungsschranken und Kapazitätsbedarfen.

Die Belastungslimits sind erforderlich für die Terminplanung eines Vorgangs, um die Überlastung eines Akteurs zu vermeiden (vgl. Abschnitt 5.1.2.1.). Zu ihrer Definition kommen eine Vielzahl von Varianten in Frage. So kann die Belastungsschranke auf alle aktionsorientierten Tätigkeiten als Absolutwert (z.B. 6h/Woche) oder als Prozentsatz der üblichen Arbeitszeit, evtl. unter Berücksichtigung der Terminsituation, angewendet werden. Die Vereinbarung tätigkeitsspezifischer Grenzwerte wird beispielsweise dort sinnvoll sein, wo eine in etwa gleiche Verteilung der unterschiedlichen Aufgabentypen auf gleichqualifizierte Instanzen angestrebt wird.

Hinsichtlich des Detaillierungsgrades werden die Kapazitätsbedarfe als Summe einzelner Bearbeitungszeiten in gleicher Weise geführt. Es erscheint sinnvoll, daß den Akteuren Administrationsfunktionen zur Reservierung eigener Kapazitätsbedarfe zur Verfügung gestellt werden.

Damit existieren drei Parameter, die den Aktionsstellen eine relativ feinnervige Einstellung ihrer Arbeitskapazität erlauben. So können mittels der Terminverwaltungskomponente genau fixierte Zeitspannen belegt werden, mit Hilfe der Belastungsschranke läßt sich die Abarbeitung bestimmter Tätigkeiten priorisieren bzw. zurückdrängen und die Reservierung der Kapazitätsbedarfe ermöglicht schließlich eine termin- und tätigkeitsunabhängige Regulierung. Der mögliche Mißbrauch dieser Größen, beispielsweise verursacht durch eine permanent hohe Reservierung der Kapazitätsbedarfe, kann durch die Vergabe von Grenzen verhindert werden.

Die Funktionen zur Terminierung von Vorgängen (vgl. Abschnitt 5.1.2.1.) müssen jederzeit auf die Terminsätze einzelner Akteure zugreifen können, um so beispielsweise die prinzipielle Realisierbarkeit von Schlüsselaktivitäten im voraus abschätzen zu können. Die AODV kann ihrerseits einen Terminvereinbarungsprozeß auslösen. Werden beispielsweise im Rahmen der Qualitätsprüfung bei einem Produkt vermehrt Qualitätsmängel festgestellt, so kann das AODV-System veranlassen, die Herstellung dieses Produktes einzustellen, die Auslieferung zu stoppen usw. sowie eine möglichst frühzeitige Besprechung ansetzen, an der beispielsweise Entwicklungsingenieure, Konstrukteure, Fertigungsspezialisten und Fachleute der Qualitätssicherung teilnehmen. Gleichzeitig ist der Besprechungsinhalt möglichst genau zu spezifizieren, damit die Teilnehmer sich entsprechend vorbereiten können. Im Gegensatz zum üblichen Terminplanungsprozeß ist damit die AODV Initiator des Termins. Es ist überlegenswert, ob derartige Konferenzen als Pflichttermine ohne die übliche Vereinbarungsprozedur in die Kalender eingetragen werden.

Die Terminsicherheit von Abläufen läßt sich weiter erhöhen, wenn man dem System auch kurzfristig eintretende Abwesenheiten, wie z.B. Erkrankungen einzelner Akteure, zuführt. Auf diese Weise können terminkritische Aufgaben im Vorgangsverlauf automatisch an andere, gleichqualifizierte Instanzen oder an vordefinierte Stellvertreter umgeleitet werden.

5.3. MONITORSYSTEM

Diese Komponente fungiert als hauptsächlicher Steuerungsmechanismus eines AODV-Systems. Durch täglichen Zugriff auf das Nachrichtenverwaltungs- und -verteilungssystem wird beispielsweise geprüft, ob

- Start-/Endtermine für Bearbeitungsvorgänge überschritten sind,
- bei kritischen Vorgängen der Endtermin in einer vorgegebenen Anzahl von Tagen erreicht wird, so daß an ihre Ausführung erinnert werden soll.

So könnte z.B. der Akteur in einer Art "Good-morning-message" (vgl. Abschnitt 3.3.) eine Liste der an diesem Tag fertigzustellenden Tätigkeiten unmittelbar nach seiner Anmeldung auf den Bildschirm gespielt bekommen. Eine weitere Maßnahme bestünde darin, die Abarbeitung der fälligen Aktionen zu erzwingen, indem keine anderen Funktionen aufgerufen werden können. Darauf sollte allerdings nur in Ausnahmefällen, z.B. bei extrem terminkritischen Projekten, zurückgegriffen werden. Verfügt man über einigermaßen gesicherte Bearbeitungszeiten, so kann man den Akteur u.U. im voraus auf voraussichtliche Terminüberschreitungen hinweisen. Diese können eintreten, wenn die Beziehung

- spätester Endtermin
- aktuelles Datum
- (gesamte - aktuell aufgewendete Bearbeitungszeit)

negativ wird.

Die bei Terminüberschreitungen anfallenden Mahnnachrichten lassen sich zu einem an die betriebliche Berichtshierarchie angepaßten Überwachungssystem ausbauen. Zuerst erhält der terminsäumige Teilnehmer eine Mahnnachricht in seinen Elektronischen Briefkasten gestellt. Läßt er auch diese unbeachtet, so wird seinem Vorgesetzten eine entsprechende

Mitteilung überspielt. Wenn dieser ebenfalls nicht reagiert, schaltet die AODV dessen Chef ein usw.

Der Monitor sollte in der Lage sein, solche Nachrichten dann zurückzuziehen, wenn sich Fertigstellung eines Vorgangs und Verschicken der Mahnung zeitlich überschnitten haben und der Vorgesetzte diese noch nicht gesichtet hat. Hat er dagegen die Nachricht bereits zur Kenntnis genommen, so sollte eine entsprechende Mitteilung mit Bezug zur Mahnung automatisch an ihn verschickt werden.

Das skizzierte hierarchische Mahnwesen entspricht gemäß § 87 I Nr. 6 BetrVG und der zu diesem Gesetz erfolgten neueren Rechtsprechung des Bundesarbeitsgerichtes (vgl. z.B. SCHNEIDER 86, S. 586 ff.) einer automatischen Leistungs- und Verhaltensüberwachung und unterliegt deshalb dem Mitbestimmungsrecht des Betriebsrates (vgl. auch Abschnitt 5.1.2.1.). Eine derartige Überwachung ist demgemäß immer dann gegeben, wenn aufgrund des jeweiligen Programms Verhaltens- und Leistungsdaten erfaßt und verfügbar gemacht werden, unabhängig davon, ob diese Daten zur Überwachung genutzt oder zu anderen Zwecken benötigt werden. Gewerkschaftliche Argumente gegen eine Kontrollphilosophie, wie sie auch im skizzierten Lösungskonzept vorliegt, sind beispielsweise der durch die Erfassung und Kontrolle ausgeübte psychologische Druck auf die Arbeitnehmer und die daraus resultierende Steigerung der Arbeitsintensität und -geschwindigkeit. Dieser erhöhte Leistungsdruck verstärke die Konzentration auf die Bildschirmarbeit, führe damit zum Abbau der Kommunikation und schränke letztlich die sozialen Kontakte der Arbeitnehmer untereinander erheblich ein (TRAUTWEIN-KALMS 81, S. 96).

Im vorliegenden Fall können diese Argumente kaum akzeptiert werden, da lediglich in Verzug kommende Arbeitsvorgänge angemahnt werden. Die die Arbeitsleistung bestimmenden Parameter (vgl. Abschnitt 5.2.) werden vom Arbeitnehmer selbst, gegebenfalls nach Rücksprache mit Vorgesetzten, eingestellt. Es wird lediglich ein in der Praxis häufig angewandtes Kontrollinstrument elektronisch abgebildet. Dies gilt insbesondere dann, wenn sichergestellt ist, daß die Mahnungen nicht für spätere Auswertungen gespeichert werden. Das System entlastet nicht nur die Vorgesetzten von einem Teil ihrer Kontrolltätigkeit, sondern informiert diese erst, nachdem der Akteur selbst angemahnt wurde. Ein weiterer Vorteil für den Mitarbeiter besteht darin, daß sein Vorgesetzter auf seine eventuelle Überlastung aufmerksam wird und gegebenenfalls entsprechende Maßnahmen zur Aufgabenumverteilung veranlassen kann. Dabei ist allerdings zu berücksichtigen, daß der Mitarbeiter durch gezielte Terminverzüge "Überlast simulieren" kann. Auf der anderen Seite vermag die Vormahnung im Falle einer baldigen Bearbeitung der ausstehenden Arbeit durch den Betroffenen seine Ergebnisqualität hinsichtlich Zuverlässigkeit und Pünktlichkeit zu steigern.

Verfügt das AODV-System nicht über Funktionen zur Terminplanung, beispielsweise weil es erst in einer ersten Realisierungsstufe zur Verfügung steht, oder treten häufig Aktionen auf, für die aus unterschiedlichen Gründen keine solche Planung durchgeführt wird (vgl. Abschnitt 5.1.2.1.), so kann aufgrund fehlender Start- und Endtermine keine Terminüberwachung durchgeführt werden. Aus diesem Grund überprüft das Monitorsystem durch Zugriff auf das Nachrichtenverwaltungs- und -verteilungssystem regelmäßig die Verweilzeit solcher Aktionen. Bei Überschreiten vorgegebener Werte kommt die oben angesprochene Mahnprozedur zur Ausführung.

5.4. LITERATUR

BARTHELME 86 — Barthelme, J., Konzeption eines aktionsorientierten DV-Systems im Angebotswesen eines Unternehmens mit auftragsorientierter Fertigung, Diplomarbeit, Erlangen 1986.

GERLACH/BOBENHAUSEN 86 — Gerlach, H.-H. und Bobenhausen, F., Durchlaufzeit-Analyse bei Einzel- und Kleinserien-Fertigung, Fortschrittliche Betriebsführung/Industrial Engineering 35 (1986) 2, S. 83 ff.

GUTMANN 85 — Gutmann, B., Einsatz des Bürokommunikationssystems EMS 5800 zur Unterstützung der Produktplanung bei einem Markenartikelhersteller, Konzeption und Programmierung - Teil 2, Diplomarbeit, Nürnberg 1985.

HERBERT 86 — Herbert, S., Konzeption einer integrierten Vorgangsbearbeitung im Angebotswesen eines Unternehmens mit auftragsorientierter Fertigung, Diplomarbeit, Nürnberg 1986.

IBM 78 — IBM Deutschland GmbH (Hrsg.), COPICS-Systementwurfsbeschreibung - Aktionsorientierte Konstruktions- und Produktionsdatenverwaltung, IBM-Form GH12-1272-0, o.O. 1978.

KENDLER 79 — Kendler, H., Mensch-Computer-Dialoge zur Erstellung technischer Grunddaten in der Flugzeugindustrie, Dissertation, Nürnberg 1979.

KEXEL 86 — Kexel, J., Durchlaufzeitverkürzung im Büro mit Softwareunterstützung, Office Management 34 (1986) 6, S. 650 ff.

KOCH 86 — Koch, H., Untersuchungen zum Kosten-Nutzen-Verhältnis der Büroautomation unter Berücksichtigung eines Unternehmens aus dem Anlagenbau, Diplomarbeit, Nürnberg 1986.

KRALLMANN 86 — Krallmann, H., Feiten, L., Hoyer, R. und Kölzer, G., Konzeption und Realisierung einer betrieblichen Kommunikationsstruktur, Zwischenbericht zum Projekt Kr725/1-2 des DFG-Schwerpunktprogramms "Interaktive betriebswirtschaftliche Informations- und Steuerungssysteme", Berlin 1986.

MERTENS 77 — Mertens, P., Die Theorie der Mustererkennung in den Wirtschaftswissenschaften, Schmalenbachs Zeitschrift für betriebswirtschaftliche Forschung 29 (1977) 12, S. 777 ff.

MERTENS 86a — Mertens, P., Industrielle Datenverarbeitung 1, 6. Aufl., Wiesbaden 1986.

MERTENS 86b — Mertens, P., Allgeyer, K., Däs, H. und Schumann, M., Betriebliche Expertensysteme in deutschsprachigen Ländern - Versuch einer Bestandsaufnahme, Arbeitsber. IMMD Univ. Erlangen-Nürnberg 19 (1986) 6.

NIEMANN 74 — Niemann, H., Methoden der Mustererkennung, Frankfurt/Main 1974.

OV 85 — o.V., o.T., Neue Juristische Wochenschrift 38 (1985) 8, S. 450 ff.

RUSSER 85 — Russer, J., Konzeption und Realisierung von Modulen zur Terminverwaltung und -vereinbarung als Bestandteil eines Electronic-Mail-Systems in einem Unternehmen der Kfz-Zulieferindustrie, Diplomarbeit, Nürnberg 1985.

SCHNEIDER 86 — Schneider, J., Rechtliche Beurteilung computergestützter Logistik, in: Wildemann, H. (Hrsg.), Just-in-Time Produktion und Zulieferung, Erfahrungsberichte, Band 2, Passau 1986, S. 585 ff.

SCHUMANN 86 — Schumann, M., Computerunterstützte Eingangspostbearbeitung in Bürokommunikationssystemen unter besonderer Berücksichtigung des Expertensystemansatzes, Dissertation, Nürnberg 1986.

STOLDT 86 — Stoldt, G., Konzeption von Modulen zum Berichtswesen und zum Durchlaufzeit-Controlling als Teile eines PPS-Systems in einem Unternehmen der elektrotechnischen Industrie, Diplomarbeit, Nürnberg 1986.

TRAUTWEIN-KALMS 81 — Trautwein-Kalms, G., Zur Auseinandersetzung um Bildschirmarbeit am Beispiel betrieblicher Vereinbarungen, WSI Mitteilungen 34 (1981) 2, S. 90 ff.

6. Anwendung der Aktionsorientierten Datenverarbeitung bei der Produktionsplanung und -steuerung

6.1. KRITISCHE SICHT DER AKTUELLEN SITUATION

Als häufigste Kritikpunkte im Zusammenhang mit DV-gestützten PPS-Systemen werden in der Literatur genannt:

1. Die Auftragsdurchlaufzeiten sind zu hoch.

   Ein wesentlicher Anteil der Durchlaufzeit, die im allgemeinen neben der eigentlichen Produktionsdurchlaufzeit auch Vorlaufzeiten für Entwicklung, Konstruktion, Material- und Teileeindeckung umfaßt (SIEMENS 83, S. 3), liegt im administrativen Bereich und ist hauptsächlich bedingt durch eine hohe Arbeitsteilung und eine langsame Informationsübermittlung (KAZMAIER 83, S. 26). Viele Unternehmen streben deshalb die Reduzierung der Durchlaufzeit an. So will beispielsweise die Volkswagen AG die Auftragsdurchlaufzeit innerhalb der nächsten fünf Jahre um mehr als die Hälfte auf fünfzehn Tage verkürzen (KEMPER 85). Isolierte Untersuchungen der Produktionsdurchlaufzeit lassen unbefriedigende betriebswirtschaftliche Resultate erkennen. So hat Pabst in einem Maschinenbauunternehmen mit Einzel- und Kleinserienfertigung das PPS-System, welches aus einem eigenentwickelten Grobplanungsmodul, dem IBM-Modularprogramm CAPOSS-E und einem Online-Betriebsdatenerfassungssystem besteht, analysiert. Die erkannten Schwachpunkte lagen insbesondere in starken Plan-Ist-Abweichungen der Durchlaufzeiten und in einer auf die Durchlaufgeschwindigkeit der Aufträge relativ wirkungslosen Prioritätsregelsteuerung. Die CAPOSS-E inhärente Eigenschaft, Leerzeiten zu vermeiden, führte ferner dazu, daß sich die Bestände und damit die Durchlaufzeiten erhöhten (MERTENS/ HEIGL 84a, S. 2; MERTENS/HEIGL 84b, S. 46). Die durch ein effizient arbeitendes PPS-System für ein Geschäftsjahr möglichen Einsparungen schätzte Pabst auf ca. acht Mio. DM. Damit hätte sich der Bilanzgewinn nahezu verdreifacht (PABST 85, S. 167).

   Ein weiteres Problem liegt darin, daß zu viele Aufträge als eilig deklariert werden und somit zumeist aufwendige Sonderaktionen und komplexe Umterminierungen verursachen. Dies geschieht in der Regel ohne Kenntnis der aktuellen Auftragssituation des Gesamtunternehmens. Da die Wirkung derartiger Sondermaßnahmen häufig unklar ist, bleiben dadurch wirklich wichtige Aufträge oft "stecken". Diese Problematik kann sich noch verschärfen, wenn in Ausnahmesituationen, wie sie beispielsweise in der Kfz-Zulieferindustrie im Falle eines drohenden Bandstillstandes bei einem wichtigen Kunden auftreten können, zusätzliche Sondermaßnahmen mit höchster Priorität nötig werden. So setzt beispielsweise ein Maschinenbauunternehmen mit Auftragsfertigung für besonders dringliche Aufträge zunehmend sogenannte Y-Aktionen ein. Im Jahr 1985 hat sich deren Anzahl um über 30% auf ca. 1000 erhöht. Einerseits steigen damit die Kosten dieser Aufträge, andererseits erhöht sich die Durchlaufzeit der "normalen" Aufträge.

2. Kurzfristige Änderungen können im allgemeinen nicht durchgesetzt werden.

   Über die mangelnde Reaktionsgeschwindigkeit auf kurzfristige, überwiegend als Störungen empfundene Änderungen hinaus werden davon betroffene Mitarbeiter häufig zu spät und/oder unzureichend informiert. Dadurch werden oft Fehlentscheidungen getroffen, die vermeidbar wären, wenn die Funktionsbereiche rechtzeitig von Planungsmodifikationen anderer Abteilungen erführen.

3. Es herrscht in bezug auf das Zusammenwachsen von technischer und betriebswirtschaftlicher EDV in Richtung CIM (computer integrated manufacturing) eine gewisse Zukunftsunsicherheit (MERTENS/HEIGL 84a, S. 1; MERTENS/HEIGL 84b, S. 46).

   Diese resultiert zum Teil aus technischen Schwierigkeiten bei der Lösung von Schnittstellenproblemen, die sich bei der Integration der meist heterogenen Teilsysteme ergeben (MAIER-ROTHE 85, S. 180). Dabei hängt die Bedeutung der einzelnen Teilsysteme und damit auch die ihrer Einbindung in ein Gesamtkonzept stark von den Erfordernissen des jeweiligen Betriebes ab (MIERZOWSKI 85, S. 31). Zudem sind die einzelnen Systeme selbst bei weitem noch nicht ausgereift. Eine Reihe der CIM-Subsysteme, wie beispielsweise Industrieroboter oder flexible Fertigungssysteme, steht erst am Anfang ihres technologischen Lebenszyklus. Aber auch Softwareprobleme, wie die nötige Standardisierung der Programmiersprachen, führen dazu, daß sich nicht alle Anwender zufrieden äußern. Darüber hinaus fordern sie für die nächsten Robotergenerationen höhere Beweglichkeit, schnelleren Bewegungsablauf und leistungsfähigere Sensorik. Mit der Leistungssteigerung wird die in Abbildung 6.1./1 dargestellte anteilsmäßige Verschiebung der Anwendungsfelder einhergehen. Als weiterer bedeutsamer Unsicherheitsfaktor gilt das erforderliche Investitionsvolumen, das im allgemeinen schon bei Teilsystemen außerordentlich hoch ist und sich im Falle der Entscheidung für mehrere CIM-Komponenten in immense Größenordnungen steigern kann (MAIER-ROTHE 85, S. 180). Einen Eindruck davon mögen die 750 Millionen Dollar geben, welche für ein CIM-Pilotprojekt einer Triebwerkfertigung der General Electrics Aircraft Engine Business Group bis 1985 vorgesehen waren (TEICHOLZ 84, S. 169).

6.1./1	Verschiebung der Anwendungsfelder für Roboter (MAIER-ROTHE 85, S. 179)

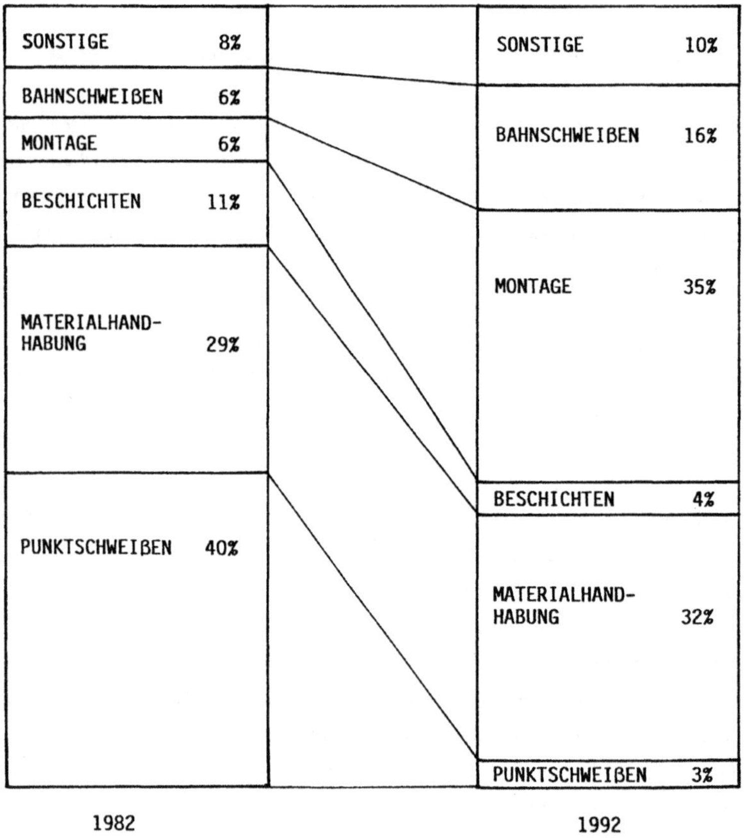

6.2. ARCHITEKTUR KÜNFTIGER PPS-SYSTEME

Die Architektur künftiger PPS-Systeme wird im wesentlichen durch folgende Entwicklungstendenzen beeinflußt werden:

- Die Infrastruktur der PPS-Systeme wird sich durch neuere Teilsysteme, wie beispielsweise die Belastungsorientierte Auftragsfreigabe, und durch verschiedene andere Entwicklungen, etwa dem Hang zu stärkerer Dialogisierung, wandeln.

- Die zunehmende Verflechtung zwischen technischer und betriebswirtschaftlicher Datenverarbeitung wird letztendlich in ein integriertes Konzept (CIM) münden.

- Fortschritte bei der Automatisierung der Lieferanten-Kunden-Beziehung im Sinne einer Zwischenbetrieblichen Integration wirken sich auf die Anforderungen an PPS-Systeme aus, beispielsweise durch kurzfristigere Produktionsanstöße.

Im folgenden Abschnitt werden diese Aussagen vertieft, wobei ein besonderes Augenmerk auf die Einsatzmöglichkeit von AODV-Systemen gelegt wird.

6.2.1. Infrastruktur

6.2.1.1. Überblick

Die Infrastruktur künftiger PPS-Systeme wird nach unserer Einschätzung folgendermaßen gekennzeichnet sein:

1. Als Reaktion auf die in Abschnitt 6.1. genannten Probleme und auf geänderte Umgebungsbedingungen, wie Streben nach niedrigen Beständen, Vordringen von flexiblen Fertigungssystemen usw., wurden in der Bundesrepublik einige neue bzw. aus Japan oder den USA übernommene Verfahren zu Teilgebieten der computergestützten Produktionsplanung und -steuerung vorgeschlagen. Die wichtigsten davon sind:

   - KANBAN,
   - Belastungsorientierte Auftragsfreigabe,
   - Fortschrittszahlensysteme,
   - OPT (<u>O</u>ptimized <u>P</u>roduction <u>T</u>echnology).

   Mertens und Heigl geben mit Ausnahme von OPT über diese Verfahren einen Überblick (MERTENS/HEIGL 84a, S. 7 ff.; MERTENS/HEIGL 84b, S. 52 ff.). Sie nennen auch die für einen lohnenden Einsatz erforderlichen Voraussetzungen, die Ziele und Eignungshinweise sowie Ansätze für Beziehungen der einzelnen Verfahren untereinander und zur AODV. Auf ausgewählte Beziehungen zwischen AODV und den genannten PPS-Systemen wird ausführlich in Abschnitt 6.2.1.2. eingegangen.

   Unterstellt man, daß wie im gesamten Softwaremarkt auch bei PPS-Systemen der Trend in Richtung Standardsoftware gehen wird, so erfordert die unterschiedliche Eignung der angesprochenen Methoden, daß sie in PPS-Systemen als funktionell gleiche

Verfahren nebeneinander zur Verfügung stehen. Ein künftiges PPS-System wird deshalb neben einer Reihe von Modulen, die für eine Vielzahl unterschiedlicher Fertigungsbetriebe anwendbar sind, wie beispielsweise solche zur Stücklistenauflösung oder Durchlaufterminierung, auch solche Programmkomplexe beinhalten, die nur für bestimmte Merkmalskombinationen einer Fertigung geeignet sind.

2. Weiter muß man bei der Ausgestaltung von PPS-Systemen berücksichtigen, daß im Rahmen einer gesteuerten Eigenregulierung der Werkstatt (MANSKE/WOBBE-OHLENBURG 83, S. 656 f.) den dortigen Mitarbeitern ein größerer Tätigkeits- und Entscheidungsspielraum einzuräumen ist. Zur Übertragung auf die Ausführungsebene eignet sich insbesondere die kurzfristige Steuerung, wobei die Koordination von einer übergeordneten Steuerungsinstanz durchgeführt wird. (PABST 85, S. 161 f.). Diese Argumentation trifft man zunehmend an. So stellt Helmut Rapp von der Düsseldorfer Ingersoll Ingenieurgesellschaft mbH fest, daß im Gegensatz zu US-amerikanischen Unternehmen in deutschen Betrieben auf allen operativen Ebenen sehr sachkompetente Mitarbeiter agieren. Deshalb sollten deren Erfahrung und Wissen viel stärker in die Entscheidungsprozesse integriert werden (RAPP 85).

Aus diesen beiden Punkten läßt sich beispielsweise ableiten, daß in künftigen PPS-Systemen im Anschluß an Durchlaufterminierung und Verfügbarkeitsprüfung verschiedene Module zur Auftragsfreigabe und/oder zur Kapazitätsterminierung zur Auswahl stehen.

3. Im Zuge der Dialogisierung der PPS-Systeme hat sich auch deren Planungscharakter verändert. Der für Batchprogramme übliche Zeitraumbezug mit einem periodischen Neuaufwurf wurde verdrängt vom Net-change-Prinzip. Bei diesem wird jede signifikante Änderung, z.B. der Menge oder des Termines, sofort von allen Planungsfunktionen verarbeitet. Dies bedingt eine relativ komplizierte Programmsteuerung, welche dafür zu sorgen hat, daß die Module in der richtigen Reihenfolge aufgerufen und abgearbeitet werden.

   Scheer sieht als Lösungsmöglichkeit für dieses Steuerungsproblem das Triggerkonzept als Bestandteil Aktionsorientierter DV-Systeme (SCHEER 83, S. 88).

   Trotz aller Dialogisierungsbestrebungen werden aufgrund ihres Mengenvolumens einzelne Funktionen, wie beispielsweise die Stücklistenauflösung, auch weiterhin im Batchbetrieb abgewickelt werden. Treten dabei Unregelmäßigkeiten auf, so werden diese in Fehlerlisten protokolliert und meist auf traditionellem Weg den zuständigen Sachbearbeitern zugeführt, die diese Fehler dann im Dialog beheben. Im Regelfall verzögert sich dabei der Auftrag bei jedem Fehler um mindestens einen Tag. Ein

AODV-System kann hier zumindest eine gewisse Annäherung des Zeitverhaltens von batch- an dialogorientierte Applikationen schaffen, indem der Benutzer in die Lage versetzt wird, die via Electronic Mail erhaltenen Fehlerlisten früher zu bearbeiten. Als Beispiel hierfür sei auf das in Abschnitt 4.1.3.1. skizzierte System zur aktionsorientierten Stücklistenverwaltung verwiesen.

6.2.1.2. Beziehungen zwischen neueren PPS-Verfahren und Aktionsorientierter DV

Das Hauptaugenmerk der folgenden Ausführungen liegt auf der Integration der AODV in die in Abschnitt 6.2.1.1. genannten PPS-Konzepte.

Dabei sind zwei Integrationsstufen zu unterscheiden. Die AODV hilft zum einen, die einzelnen Verfahren, die z.T. nebeneinander verwendet werden, zu verbinden. Schnittstellen sind dabei die Start- und Endmodule der einzelnen Teilsysteme, wo die entsprechenden Aufträge abgesetzt und die Rückmeldungen entgegengenommen werden. Das Überschreiten vorgegebener Termine mahnt die AODV gegebenenfalls an. Weiter kann die übergeordnete AODV Auftragsänderungen, die beispielsweise durch kurzfristige Stornierung eines Kundenauftrags verursacht werden, veranlassen.

Zum anderen greift die AODV direkt in die einzelnen Verfahren ein. So entfällt beispielsweise bei Einsatz der Belastungsorientierten Auftragsfreigabe die Kapazitätsterminierung, da jegliche Feinplanung dem Fertigungspersonal übertragen wird. Damit droht eine starke Desintegration der Datenverarbeitung in einem Kernbereich des Industriebetriebes. Die AODV bietet nun die Chance, die Teilprozesse unter Einschaltung des Menschen an ihren Nahtstellen zusammenzubinden. Das DV-System behält damit ebenso wie bei den starren Abläufen, wie sie z.B. bei Prioritätsregelsteuerungen vorliegen können, die Kontrolle über die Fertigung, da es auch die weniger automatisierten Abläufe steuert, überwacht und bei Abweichungen vordefinierte Regelmechanismen anstößt. AODV eignet sich also weniger für einen isolierten Einsatz neben anderen Verfahren. Vielmehr ergänzt und unterstützt sie diese und schafft so einen in etwa gleichmäßig hohen Automatisierungsgrad.

Im folgenden wird nun der Charakter der AODV als Koordinierungs-, Ergänzungs- und Hilfefunktion anhand ausgewählter Beziehungen zu den genannten Teilsystemen aufgezeigt.

(1) Beziehungen zwischen KANBAN und AODV

Die hauptsächlichen Merkmale von KANBAN-Systemen, wie Holprinzip, selbststeuernde Regelkreise usw., und die sich daraus ergebenden Einsatzmöglichkeiten sind bereits häufig diskutiert worden (vgl. z.B. MERTENS/HEIGL 84a, S. 7 ff.; MERTENS/HEIGL 84b, S. 52 ff.). Inzwischen liegt auch eine Reihe von Erfahrungsberichten bundesdeutscher Unternehmen vor (vgl. z.B. WILDEMANN o.J., WILDEMANN 86a, WILDEMANN 86b), so daß sich die Anwendbarkeit auf bestimmte Bereiche gut abschätzen läßt.

Die oben angesprochene Koordinierung der verschiedenen Teilsysteme wird durch den Übergang von der physischen zur elektronischen KANBAN-Karte erleichtert. Der so übermittelte Auftrag stellt dann den Arbeitsvorrat bzw. den Aktionsanstoß im Sinne einer AODV dar. Eine ähnliche Lösung skizziert Meinders. Auf einem Hauptrechner nimmt das IBM-Modularprogramm COPICS (vgl. Abschnitt 3.1.) die mittel- und langfristige Planung vor und überspielt freigegebene Aufträge an den Fertigungsrechner. Dieser modifiziert Form und Inhalt der bisherigen Fertigungsunterlagen in Richtung KANBAN. Dabei werden die eigentlichen KANBAN-Daten von Programmen des Fertigungsrechners um wichtige Zusatzinformationen, wie beispielsweise Transportfrequenz, Lagerort des erforderlichen Materials usw., ergänzt (MEINDERS 84).

Um die Vorteile eines manuellen KANBAN-Systems weiter nutzen zu können, muß die elektronische Variante ebenso wie die physische KANBAN-Karte folgende Funktionen erfüllen:

1. Auftragsfunktion (Bedarfssignal),
2. Transportsteuerungsfunktion,
3. Materialkennzeichnungsfunktion.

Bisherige Konzepte decken hauptsächlich die erste Funktion ab. So kann die elektronische KANBAN-Karte Auslöser sein für Materialbereitstellung, innerbetrieblichen Transport oder die im Rahmen einer Zwischenbetrieblichen Integration ablaufende Versanddisposition. Zur Aufrechterhaltung des Regelkreischarakters besteht eine Anforderung an das AODV-System darin, erst dann den nächsten KANBAN-Abruf zuzulassen, wenn der aktuelle Auftrag einen vorgegebenen Bearbeitungsstand erreicht. Weiter hat das AODV-System dafür Sorge zu tragen, daß die an einer Quelle eingehenden Aufträge in der Reihenfolge ihres Eintreffens bedient werden. Nur so kann der für KANBAN typische, stetige Materialfluß aufrechterhalten werden. Die Einhaltung dieses Grundprinzips erfordert auch, Modifikationen der Auftragsreihenfolge oder von Mengenwerten nur aus zwingenden Gründen, wie z.B. bei schwerwiegenden Störungen der Fertigung oder gravierenden Änderungen von Kundenaufträgen, zuzulassen. Dies könnte beispielsweise dadurch erreicht werden, daß das AODV-System nur ausgewählten Akteuren derartige Eingriffe gestattet.

Bei entsprechender Logik kann die AODV auch selbsttätig KANBAN-Abrufe auslösen, z.B. bei Unterschreiten von Sicherheitsbeständen oder bei dringenden Ersatzteilbedarfen.

Geringere Beachtung erfährt bislang die Substitution der Transportsteuerungsfunktion. Eine einfache Realisierungsmöglichkeit besteht darin, Transportauftragsscheine dezentral auszugeben und dem KANBAN-Behälter beizugeben. Bei entsprechender Gestaltung des Belegs fungiert dieser gleichzeitig zur Materialkennzeichnung. Damit verliert aber das AODV-System bis zur Zugangsmeldung bei der Verbrauchsinstanz die Kontrolle über dieses Los. Terminüberschreitungen können erst festgestellt werden, wenn die Zugangsmeldung nicht termingerecht erfolgt. Gewisse Sicherheitszeiten, die in etwa der Transportzeit entsprechen sollten, könnten in Verbindung mit Mahnnachrichten (vgl. Abschnitt 5.3.) derartigen Produktionsstörungen vorbeugen. Dennoch behält das AODV-System seinen passiven Charakter mit geringer Steuerungsmöglichkeit.

Die nächste Automatisierungsstufe wird deshalb darin bestehen, daß fahrerlose Transportsysteme die KANBAN-Behälter zwischen Quelle und Senke bewegen. Ein dezentraler Steuerungsrechner erhält vom übergeordneten Leitrechner die von den Verbrauchsabrufen ausgelösten Transportaufträge überspielt. Das zentrale DV-System behält mit dieser koordinierenden Funktion jederzeit den Überblick über die Situation im Fertigungsbereich. Gleichzeitig kann das AODV-System für eine Begrenzung der Holaktivitäten sorgen. In physischen KANBAN-Systemen beschränkt die Verwendungspflicht der limitierten KANBAN-Karten die Materialbeschaffung, so daß keine freien Materialpuffer aufgebaut werden können (RICE/YOSHIKAWA 82, S. 7). Diese Vorgehensweise läßt sich auf die elektronische Variante übertragen. Sie könnte sogar durch eine im Hintergrund laufende, evtl. auf relativ aufwendigen Algorithmen basierende Bestandsrechnung unterstützt werden. Eine einfachere Lösung liegt darin, das Prinzip des Signal-KANBAN-Systems anzuwenden. Dort visualisieren an den Lagerort fest angebrachte Signal-KANBAN-Karten Minimal- und Maximalbestand eines bestimmten Materials oder Teils. Bei Unterschreiten der unteren Signalmarke hat die produzierende Stelle mit der Herstellung zu beginnen. Sie darf höchstens bis zur Maximalgrenze fertigen. Da kein Informationsträger verwendet wird, muß der Zwischenpuffer in unmittelbarer Nähe sowohl der erzeugenden als auch der verbrauchenden Instanz liegen (KRÜGER o.J., S. B1-140 ff.). Durch das Führen der Bestandsgrenzen und des aktuellen Bestandes läßt sich dieses Verfahren elektronisch abbilden. Stellt das System das Unterschreiten des Minimalbestandes fest, wird automatisch über das AODV-System ein elektronischer KANBAN an die produzierende Stelle überspielt. Hierin ist neben den üblichen Spezifikationen auch die maximal zu fertigende Menge ausgewiesen. Mit der Produktionsfertig- bzw. der Lagerzugangsmeldung wird der aktuelle Bestand fortgeschrieben.

Eine ähnliche Bestandsführung mit einer in vernetzter PC-Umgebung realisierten Werkstattsteuerung nach der Just-in-Time (JIT)-Philosophie beschreibt Parge (PARGE 86):

Produktionsabrufe führen bei den vorgelagerten Stationen einer JIT-Strecke automatisch zu deren impulsförmiger Belastung, zum Update und zur Überprüfung der Bestandskonten betroffener Teile. Im Falle eines Über- oder Unterschreitens von Bestandsgrenzen werden vordefinierte Meldungen in Aktionsdateien abgelegt.

Der letztgenannte Ansatz deckt noch nicht die Materialkennzeichnungsfunktion ab. Dies kann allerdings relativ einfach über eine entsprechende Kennzeichnung der Behälter erreicht werden.

Abschließend läßt sich sagen, daß die vollständige Abbildung des manuellen KANBAN-Systems auf seine elektronische Variante nur mit Hilfe typischer Funktionen eines AODV-Systems realsierbar ist. Allerdings muß trotz der relativ problemlosen Übertragbarkeit im Einzelfall sorgfältig geprüft werden, ob dadurch das KANBAN-System nicht seine Vorteile, wie etwa Flexibilität oder Flußoptimierung, einbüßt.

(2) Beziehungen zwischen Fortschrittszahlen und AODV

Fortschrittszahlen stellen ein einfaches Planungs- und Kontrollinstrument für einzelne Glieder der logistischen Kette dar. Hauptvoraussetzung für ihren Einsatz ist ein funktionstüchtiges Rückmeldesystem. In erster Linie wird mit ihnen das Ziel verfolgt, Zulieferer- und Eigenteile montagegenau bereitzustellen (WILDEMANN o.J., S. A1-14 f.). Sie eignen sich insbesondere für Konzepte der Zwischenbetrieblichen Integration, werden in zunehmendem Maße aber auch zur Produktionssteuerung von Serienfertigern der Automobilindustrie verwendet. So setzt beispielsweise Daimler Benz dieses Konzept durchgängig von der Materialwirtschaft bis zur Montage- und Versandsteuerung ein (HEINEMEYER 84, S. 101). Als wichtiges Charakteristikum kann dabei die mehrstufige Hierarchie des Produktionsprozesses angesehen werden. Ähnlich wie bei KANBAN werden die einzelnen Subsysteme nach Vorgabe koordinierter Sollwerte in sich autonom gesteuert. Die Koordination der verschiedenen Bereiche erfolgt in diesem Fall über das Führen von Ist- und Sollfortschrittszahlen für vorgegebene Zählpunkte. Die Sollfortschrittszahlen lassen sich dabei als Arbeitsvorräte im Sinne einer AODV begreifen, während die Istwerte Fertigmeldungen entsprechen. Die Auftragsausführung kann über alle Produktionsstufen unmittelbar verfolgt werden. Beim Überschreiten vordefinierter Schwellwerte von Soll-Ist-Abweichungen werden Mahnnachrichten, die sich prinzipiell an denen bei Terminüberschreitungen (vgl. Abschnitt 5.3.) orientieren können, ausgegeben. Treten in der Fertigung gravierende Störungen auf, so läßt sich durch Vergleich von Reichweite der betroffenen Teile und voraussichtlicher Störungsdauer rasch feststellen, ob diese vor Beseitigung der Störung aufgebraucht sind. Im Falle von Fremdbezugsteilen ist über die AODV die Aktionsstelle im Einkauf aufzufordern, mit dem Lieferanten über einen früheren Liefertermin zu verhandeln. Bei Eigenteilen muß auch der Einfluß auf andere, in die entsprechenden Endprodukte eingehende Komponenten berücksichtigt werden. Dabei erscheint eine Beschränkung auf solche Erzeugnisse ratsam, die auf Engpaßmaschinen produziert werden. Folgendes einfaches Beispiel soll dies anhand der Ausschnitte aus einer Fertigung und einer Stückliste (vgl. Abbildung 6.2.1.2./1) verdeutlichen: Angenommen, bei einer Störung der Maschine 1 könnte Teil a eine gewisse Zeit nicht gefertigt werden, weil beispielsweise keine Ausweichmaschine existiert. Die Produktion von Teil b auf der als Engpaß zu betrachtenden Maschine 2 wäre daraufhin bis zur Störungsbeseitigung zurückzustellen, sofern Teil b ausschließlich in Bauteil A eingeht. Damit würde dieser Engpaß für andere Teile frei werden. Dies bedingt eine Modifikation des Sollfortschrittszahl für Teil b und eine Nachricht an das übergeordnete Planungs- und Steuerungssystem. Diese Prozedur könnte von einer Störungsmeldung an ein BDE-System ausgelöst einem vorgegebenen

6.2.1.2./1	Ausschnitt aus einer Fertigung (a) und einer Stückliste (b)

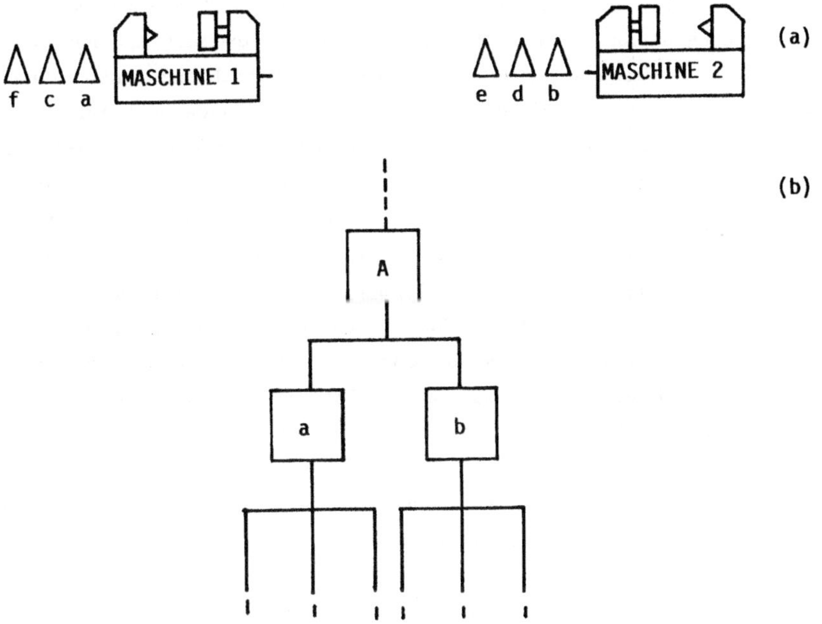

Schema folgend vollautomatisch ablaufen, wodurch sie sich als eine Realisierungsform der AODV darstellt. Nach Wiederingangsetzung der Maschine 1 sind die Sollwerte entsprechend zurückzusetzen.

(3) Beziehungen zwischen Belastungsorientierter Auftragsfreigabe und AODV

Ein unmittelbarer Zusammenhang ergibt sich, wenn die Werkstattsteuerung mit der Belastungsorientierten Auftragsfreigabe erfolgt und freigegebene Aufträge als Arbeitsvorräte in die Elektronischen Briefkästen der zuständigen Fertigungsinstanzen gespielt werden. Eine solche Lösung ist beispielsweise bei dem dialogorientierten PPS-System PROFIS realisiert (KAZMAIER 83; MÖLLER 84).

Pabst schlägt zur Überwindung der in Abschnitt 6.1. genannten Probleme eine ähnliche Lösung vor. Das ursprüngliche System wird hierzu um ein auf AODV basierendes Konzept ergänzt, welches die CAPOSS-E-Module Kapazitätsabgleich und Reihenfolgeplanung ablöst (PABST 85, S. 168 ff.). Das Planungssystem wird auf diese Weise auf seine eigentliche Aufgabe als Entscheidungshilfe und zur Verarbeitung großer Datenmengen zurückgeführt und beschränkt sich auf eine mit realistischen Grunddaten arbeitende Grobplanung, die aus den CAPOSS-E-Komponenten Durchlaufterminierung, Kapazitätsbedarfsplanung und Fertigstellungsplanung besteht. Die sich daran anschließende Auftragsfreigabeplanung wird in Anlehnung an die Belastungsorientierte Freigabe so realisiert, daß nur diejenigen Aufträge für die Fertigung freizugeben sind, deren Kapazitätsbedarf sich unter Beachtung konkurrierender Aufträge befriedigen läßt. Diese Aufträge werden nach Auftragspriorität sortiert als Arbeitsvorrat den jeweils zuständigen Meistern zugeteilt. Ihnen bleibt die Reihenfolgebildung überlassen, es sei denn, die Fertigungssteuerungsinstanz veranlaßt eine gezielte Abarbeitung einzelner Aufträge. Die Arbeitsvorräte enthalten auch Hinweise über Vorgänger- und Nachfolgearbeitsplätze, so daß der Meister in eigener Verantwortung Arbeiten in den vorgelagerten Stellen beschleunigen kann (Holprinzip gemäß KANBAN). Im Fall nicht planmäßig abgearbeiteter Aufträge erhält der zuständige Sachbearbeiter der Fertigungssteuerung (Leitstand) hierüber gegebenfalls eine Meldung in seine Aktionsdatei gespielt. Er greift nun ein und nimmt dem Meister die Entscheidung über die Abarbeitungsreihenfolge so lange ab, bis das Sonderproblem gelöst ist. Auf diese Weise wird der Ausführungsebene ein größerer Entscheidungsspielraum, aber auch größere Eigenverantwortung in dispositiven Fragen eingeräumt, ohne sie der (notwendigen) Koordinierung durch die Fertigungssteuerung zu entziehen.

Über die AODV lassen sich auch außerplanmäßige Auftragsfreigaben auslösen, die beispielsweise durch eine länger andauernde Maschinenstörung erforderlich werden. In diesem Fall wird der zuständige Disponent aufgefordert, kurzfristig weitere Fertigungsaufträge freizugeben. Das AODV-System sperrt dabei durch Zugriff auf die Arbeitspläne solche Aufträge, die die ausgefallene Maschine belegen würden (MERTENS/HEIGL 84a, S. 37; MERTENS/HEIGL 84b, S. 70).

(4) Beziehungen zwischen OPT und AODV

Den groben Ablauf des 1979 in den USA eingeführten OPT (Optimized Production Technology) zeigt Abbildung 6.2.1.2./2. Basis ist ein sogenanntes Engineering-Netzwerk, das sich aus einem Produktnetzwerk und einer dem Betriebsmittelstamm vergleichbaren Ressourcenbeschreibung zusammensetzt. Das Produktnetzwerk umfaßt sowohl Arbeitsplan- als auch Stücklisteninformationen. Es ähnelt aufgrund dieser Verbindung dem im bereits oben erwähnten PROFIS realisierten Fertigungsplan (KAZMAIER 83, S. 29 f.). Als Parameter können beispielsweise maximale Zwischenlagerbestände, minimale Losgrößen oder Ausweichmaschinen eingebracht werden (FOX 82).

Eine Rückwärtsterminierung, die keine Kapazitätsgrenzen beachtet, liefert für jede Fertigungseinheit ein Belastungsprofil. Belastungen um bzw. über 100% zeigen Engpaßkapazitäten an. Das darauffolgende Modul teilt das Produktnetzwerk in einen kritischen Bereich, der die Engpaß- und die diesen nachgelagerten Einheiten umfaßt, und in einen nichtkritischen Bereich mit den übrigen Fertigungseinheiten. Unter Beachtung der Kapazitätsgrenzen wird der kritische Bereich einer Vorwärtsterminierung unterworfen. Der Algorithmus zur Reihenfolgebildung orientiert sich dabei an neun Regeln, wobei die exakte Abarbeitungslogik vom OPT-Hersteller Creative Output Incorporation nicht bekanntgegeben wird (JACOBS 84, S. 33 f.). Ein wichtiges Ergebnis der Vorwärtsterminierung stellen Daten über Transport- und Bearbeitungslosgrößen dar. Die Berücksichtigung variabler Losgrößen hilft auf der einen Seite, Rüstzeiten einzusparen, indem bei Engpässen möglichst große Lose Verwendung finden. Andererseits werden zur Gewährleistung eines raschen Materialflusses kleinere, sogenannte Transferlose an die nachfolgenden Arbeitsplätze weitergegeben. Mit den variablen Losgrößen als Input wird der nichtkritische Teil retrograd terminiert.

Im Vergleich zu herkömmlichen MRP-Konzepten plant OPT im kritischen Sektor sehr genau, z.T. im Minutenbereich. Nach Herstellerangaben können diese Planwerte in der Fertigung ohne Abweichung durchgesetzt werden (JACOBS 84, S. 38). Aus dieser Sicht kann dann nur bei der Verteilung und Zuordnung der Fertigungsaufträge eine Verbindung zu AODV-Systemen hergestellt werden. Unterstellt man, daß Terminverzüge auftreten können, sei es durch Planungsmängel, Maschinenstörungen oder dergleichen, so können wiederum Regelmechanismen zur Behandlung von Ausnahmesituationen angestoßen werden. Ihr Ergebnis ist eine Umterminierung im Engpaß- und damit auch im nichtkritischen

Bereich. Weitere Anwendungsmöglichkeiten der AODV innerhalb von OPT sind nicht erkennbar. Es ist allerdings denkbar, die Terminierungslogik von OPT auf die Phase der Terminplanung im Rahmen einer AODV (vgl. Abschnitt 5.1.2.1.) anzuwenden.

6.2.1.2./2	Ablauf von OPT

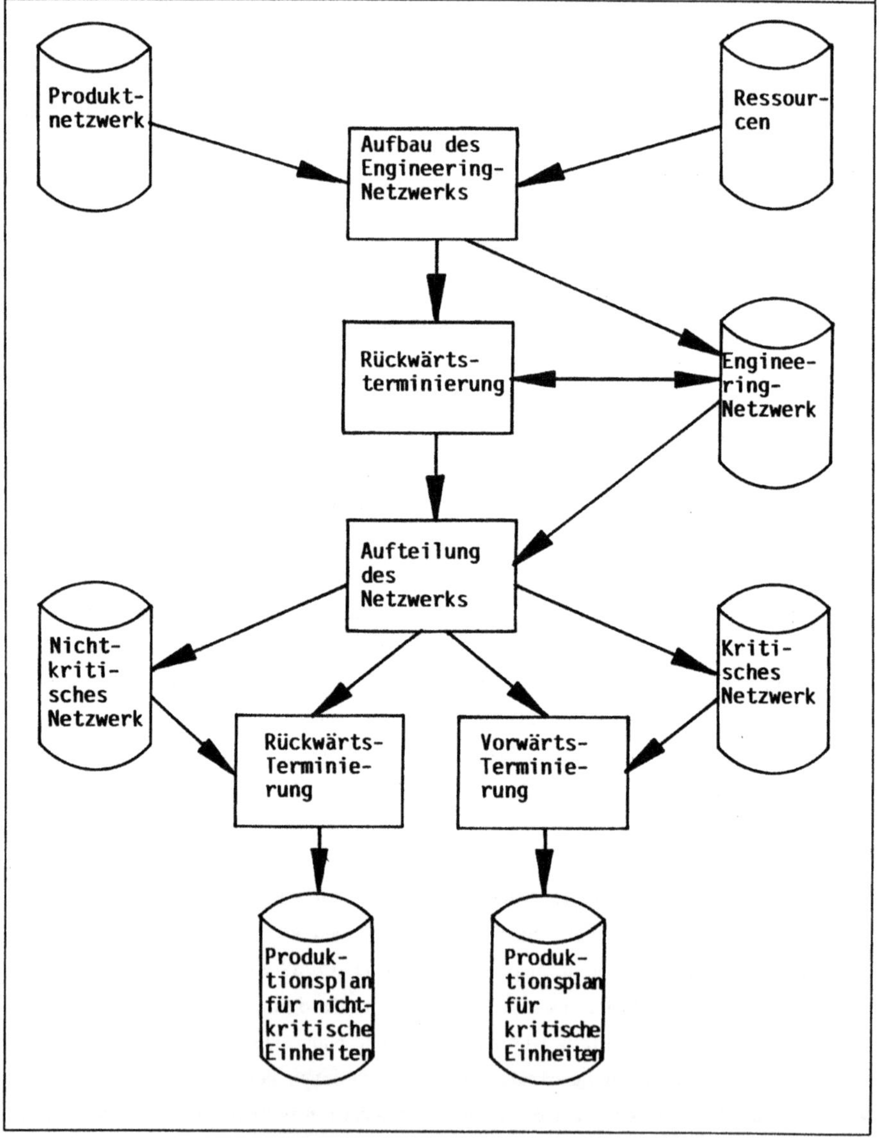

(5) Beziehungen zwischen anderen PPS-Verfahren und AODV

Das nachstehende Beispiel soll zeigen, daß die AODV Verbindungslinien nicht nur zu den genannten PPS-Verfahren hat, sondern auch bei neueren individuellen Konzepten Einsatz findet.

Das Nürnberger Maschinen- und Apparatewerk der Siemens AG produziert elektrische Maschinen und Apparate für die Antriebstechnik in Einzel- und Kleinserienfertigung. Die Auftragsbearbeitung erfolgt mit Hilfe des in Abbildung 6.2.1.2./3 dargestellten DV-Verfahrens PROSIS-F (Produktsteuerungs- und Informationssystem-Fertigung). Beispielhaft soll im folgenden eine konzipierte Anwendung der AODV aufgezeigt werden, die im Rahmen des Einplanungsmoduls liegt (vgl. Abbildung 6.2.1.2./4). Dieses Programm ordnet die auftragsspezifischen Belastungen den entsprechenden Arbeitsplätzen zu und bestimmt unter Berücksichtigung der jeweiligen Belastungssituation die Anfangs- und Endtermine der Arbeitsfolgen. Vor Beginn der Einplanung wird überprüft, ob die retrograd ermittelte Durchlaufzeit des Auftrages ausgehend vom Kundenwunschtermin die Heute-Termin-Linie unterschreitet. Ist dies der Fall, so laufen folgende Prozesse ab (vgl. Abbildung 6.2.1.2./4):

- Bei Vorliegen eines priorisierten Auftrages (bedingter Diktattermin) wird die Reduzierbarkeit der Liegezeiten (Stauchung) untersucht. Wenn keine Stauchung möglich ist, wird der Auftrag abgelehnt. Gleichzeitig informiert eine Aktionsnachricht hierüber automatisch das Auftragszentrum. Andernfalls wird die derart reduzierte Durchlaufzeit erneut auf eine Heute-Termin-Unterschreitung überprüft.

- Besteht kein bedingter Diktattermin, so sind der komplette Auftrag um eine Periode in die Zukunft zu verschieben und das Auftragszentrum hiervon wiederum automatisch in Kenntnis zu setzen.

Unterschreitet die berechnete Durchlaufzeit die Heute-Termin-Linie von Anfang an bzw. nach Stauchung nicht, so beginnt die eigentliche Einplanung. Hierbei werden von der Durchlaufzeitstrecke die Liege-, Sicherheits- und Übergangszeiten abgezogen und Belastungsanfangs- und - endtermin für jede Kapazitätseinheit bestimmt. Im Anschluß an einen Kapazitätsabgleich wird der Auftrag eingelastet, sofern weder Kapazitätsgrenzen noch die Obergrenze eines sogenannten Mischungsverhältnisses überschritten werden. Dieses Mischungsverhältnis sorgt dafür, daß das vorhandene Kapazitätsvolumen nach bestimmten Kriterien aufgeteilt wird. So soll beispielsweise vermieden werden, daß zu viele Aufträge mit Diktattermin eingelastet werden. Wird eine der beiden Grenzen verletzt, laufen wieder unterschiedliche Entscheidungsprozesse ab, gegebenenfalls mit Benachrichtigung des Auftragszentrums. Mit Hilfe des "unbedingten Diktats" werden dabei auch solche Aufträge eingeplant, die zu Kapazitätsüberschreitungen führen. Ergebnis dieses Moduls sind die Auftragseinlastung und die Abspeicherung der Termine (STOLDT 86, S. 7 ff.).

6.2.1.2./3	Ablauf von PROSIS-F

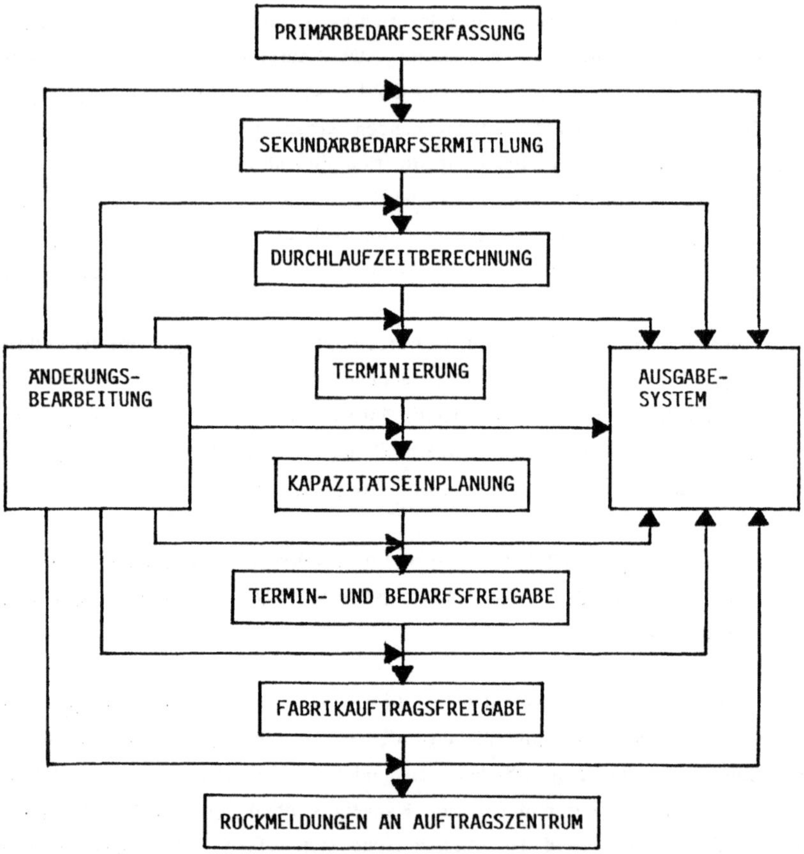

Infolge der schnellen Information des Auftragszentrums im Rahmen der AODV ist dieses in der Lage, die programmierten Entscheidungen durch Sondermaßnahmen unverzüglich zu korrigieren und somit jederzeit die Feinplanung zu beeinflussen.

6.2.1.2./4	Ablauf der Kapazitätsterminierung von PROSIS-F

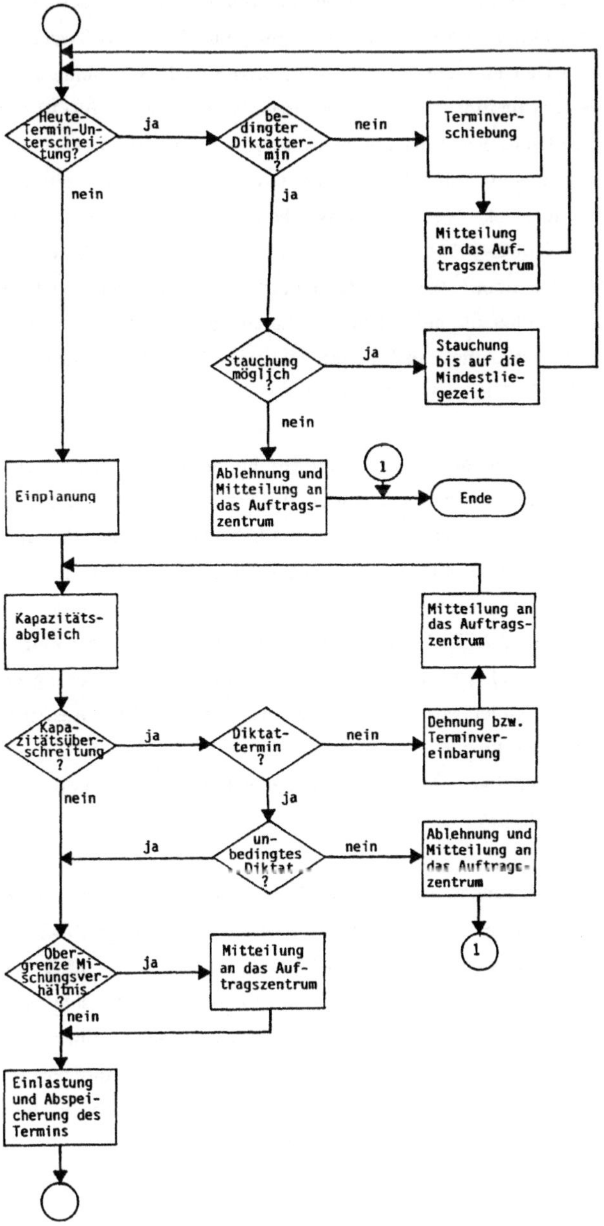

6.2.2. Einbindung in CIM-Konzepte

Der PPS-Begriff wird zunehmend in Richtung einer integrierten Auftragssteuerung verstanden (DIEBOLD 85, S. 2). Dabei wachsen die derzeit noch getrennten Funktionsbereiche Konstruktion, Entwicklung, Fertigung und Materialwirtschaft zusammen (KÜFFNER 85). So zielt eine der Hauptanforderungen an PPS-Systeme auf die terminliche und inhaltliche Koordination des gesamten betrieblichen Ablaufs (FRÖHNER/HEINRICH 83, S. 392). In die gleiche Richtung argumentieren Manske und Wobbe-Ohlenburg. Sie bewerten Verzögerungen und Mängel in Konstruktion, Arbeitsvorbereitung und Montage viel schwerwiegender als Steuerungsschwächen im Bereich der mechanischen Fertigung (MANSKE/WOBBE-OHLENBURG 83, S. 655). Der Umfang dieser nichtproduktiven Aufgaben und der damit verbundene Koordinierungsaufwand sind bei bundesdeutschen Unternehmen höher als bei solchen in Japan und in den USA, da viel stärker als dort problemangepaßte, komplexe Produkte für eine Vielzahl von Marktsegmenten herzustellen sind (FRÖHNER/HEINRICH 83, S. 391).

Ein erfolgversprechender Ansatzpunkt für bundesdeutsche Unternehmen besteht deshalb darin, den bei fertigungsvorbereitenden Tätigkeiten erforderlichen Koordinierungsaufwand zu reduzieren. Aus diesem Grund erwägt beispielsweise der Hausgerätehersteller Bosch-Siemens Hausgeräte GmbH die Einbindung eines aktionsorientiert ausgelegten Electronic Mail-Systems in ein System zur Steuerung eines Freigabeantrags für ein neues Produkt (vgl. Abbildung 6.2.2./1). Derartige Aktivitäten sind in jüngster Zeit vermehrt anzutreffen und zielen auch auf die in Abschnitt 6.1. geforderte Reduzierung der Durchlaufzeit. So sieht Joachim Müller von der Siemens AG als Ziel "die Realisierung durchgängiger, aktionsgesteuerter Prozeßketten von der Entwicklung über die Fertigungsvorbereitung in die Fertigung/Qualitätssicherung bis hin zur Belieferung des Endproduktes an den Kunden" (MÜLLER 86, S. 91).

Für Aufgabenstellungen im Bereich der Auftragsabwicklung prognostiziert Wildemann neben standardisierten Abläufen für dispositive Bereiche (WILDEMANN 86a, S. 12) ein breites Anwendungsspektrum für AODV dort, wo im Falle kurzfristig vorkommender Problemsituationen aufgrund fehlender Lösungsalgorithmen menschliche Entscheidungsträger einzuschalten sind. Beispielsweise lassen sich im Rahmen einer mehrstufigen Auftragsplanung auftretende Störungen und Abweichungen den zuständigen Aufgabenträgern überspielen, so daß deren Reaktion auf die veränderte Lage in nachfolgende Planungsschritte einfließen kann (WILDEMANN 86a, S. 15).

6.2.2./1	Schritte zur Einführung eines neuen Produkts

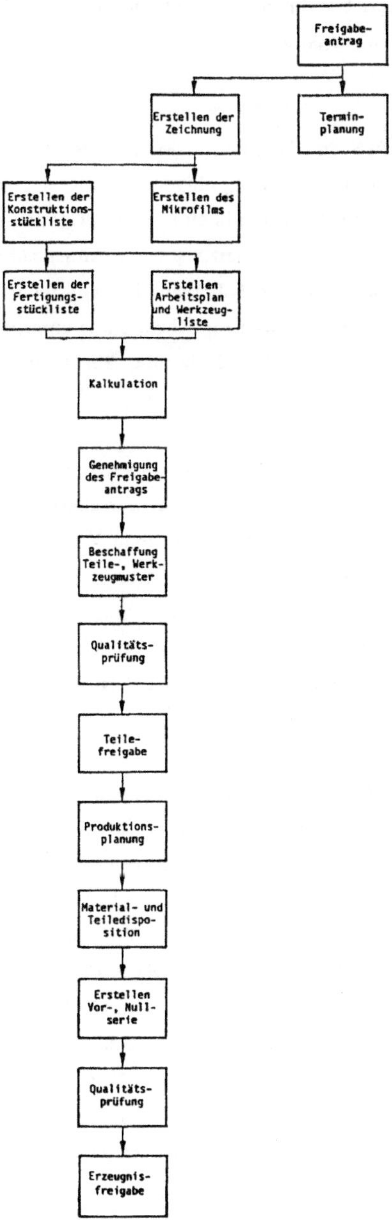

Bei Scheer steht als Ergebnis einer Analyse über Schnittstellen zwischen betriebswirtschaftlicher und technischer Datenverarbeitung in der Fabrik der Zukunft die AODV sogar im Zentrum eines entscheidungsbezogenen PPS-Konzeptes. Bei diesem - in Richtung CIM ausgedehnten - PPS-Begriff steht der Entwicklungssektor im Vordergrund, für den eine Sammlung von Methodenbausteinen zur Entscheidungsunterstützung bereitgehalten wird (SCHEER 84, S. 22).

Die Ausdehnung der PPS in Richtung CIM erfordert die Kommunikationsfähigkeit zwischen den einzelnen in der Fertigung eingesetzten Rechnern und anderen Automaten. Diese sind in aller Regel heterogen und in eine mehrstufige Rechnerhierarchie (vgl. Abbildung 6.2.2./2) eingebunden. Eine Vernetzung der Rechner führt u.a. zu der Möglichkeit, aktionsrelevante Informationen vertikal vom Planungsrechner bis zur ausführenden Maschine nahezu verzögerungslos durchzureichen. Diese unmittelbare Durchsetzbarkeit der Planungsergebnisse ist auch bei der Gestaltung künftiger PPS-Konzepte zu berücksichtigen.

Aufgrund fehlender Schnittstellenstandards finden sich momentan derartig vernetzte Automaten zumeist in Gestalt von aufwendigen, wartungsunfreundlichen und fehleranfälligen Einzellösungen. Diese weisen zum einen hohe Verkabelungskosten auf, die z.T. bis zu 50% der Gerätekosten eines Gesamtautomatisierungsprojektes ausmachen (SUPPAN-BOROWKA 85, S. 40). Zum anderen ist speziell angepaßte Kommunikationssoftware erforderlich, deren Erstellen nach einer Untersuchung der Eastman Kodak Inc. ein Drittel der Installationszeit für aus mehreren vernetzten Geräten bestehende Automationszellen verbraucht (OV 86, S. 115).

In jüngster Zeit trifft man Normungsaktivitäten, die auf den vorhandenen Spezifikationen des siebenschichtigen ISO/OSI-Referenzmodells aufbauen, verstärkt an. So werden im Rahmen von MAP (Manufacturing Automation Protocol) unter Federführung von General Motors Protokollspezifikationen für die im unteren Teil der Abbildung 6.2.2./2 dargestellte Vernetzung von Fertigungsleitsystem, dezentralen Prozeßleitsystemen und den unterschiedlichsten Gerätesteuerungen vorgenommen. Als Basis für die MAP-Anwendungsprotokolle fungieren die Common Application Service Elements (CASE) von ISO, auf denen sogenannte "instruction groups"-Anwendungsprotokolle zur Online-Steuerung und -überwachung der Automatisierungsgeräte aufsetzen. Ausgewählte Beispiele für die Ausgestaltung von Anwendungsprotokollen im Rahmen eines speziellen Fertigungssystems, etwa zur Steuerung des Werkstückflusses oder des Werkzeugtransportes, finden sich bei Kiel (KIEL 86, S. 10 ff.).

6.2.2./2	Hierarchische DV-Struktur (WILDEMANN 86, S. 35)

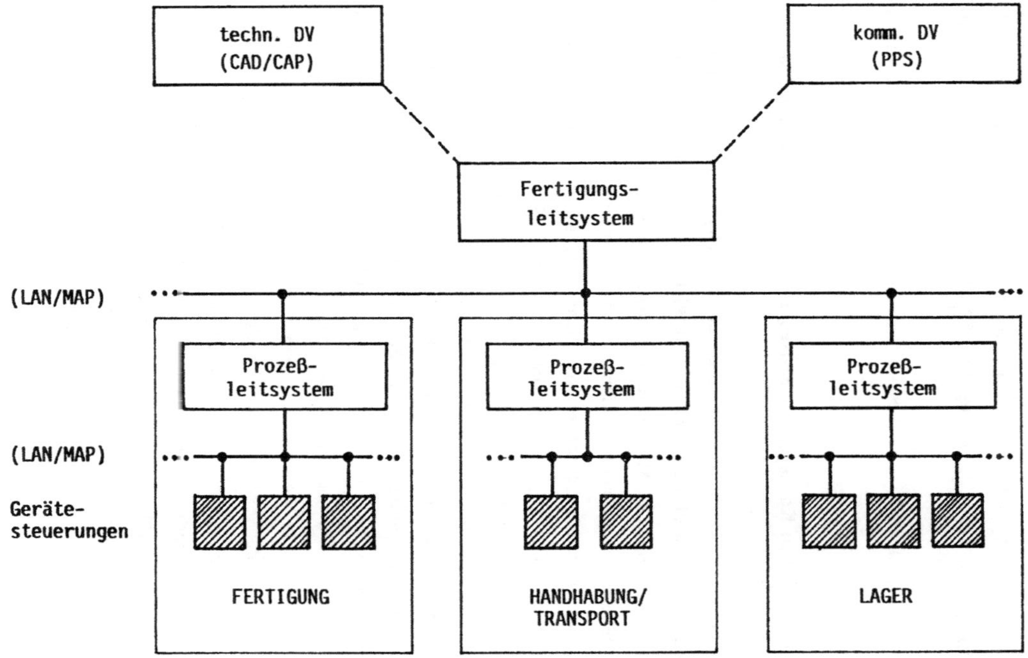

Standardisierungsbemühungen, die auf die Kommunikation der in der oberen Hälfte der Abbildung 6.2.2./2 dargestellten Rechnersysteme untereinander und mit denen der reinen Fertigungsebene abzielen, finden z.B. in TOP (Technical and Office Protocol) ihren Niederschlag. Diese Protokolle dienen in erster Linie zum Austausch von administrativen Produktionssteuerungsdaten, etwa zur automatischen Pflege von Qualitätsdaten. Eine große Bedeutung kommt dabei der Kompatibilität mit MAP zu (SCHUMANN 86, S. 110).

Mit dem vollständigen Einsatz dieser Protokolle ist nicht vor 1990 zu rechnen.

6.2.3. Einbindung in Konzepte der Zwischenbetrieblichen Integration

Im Zuge neuer informationstechnischer Entwicklungen, wie Fortschritten bei der Datenfernübertragung hinsichtlich Technik und Wirtschaftlichkeit, einer zunehmenden Automation auch bei Klein- und Mittelbetrieben sowie erfolgversprechender Normungsbemühungen bei Diensten der höheren Schichten von Kommunikationsarchitektur-Modellen haben sich neue Konzepte für Zwischenbetriebliche Integration herausgebildet. Diese wirken sich zum Teil auch auf fertigungsnahe Bereiche aus. So können beispielsweise auf der Basis der Datenschnittstelle IGES (Initial Graphics Exchange Specification) geeignet konvertierte Konstruktionszeichnungsdaten verschiedener CAD-Systeme in maschinell lesbarer Form zwischen Industrieunternehmen, etwa für eine Produktentwicklung im Rahmen einer Anfrage- und Angebotsabwicklung, ausgetauscht werden. Ergänzt man dies um entsprechende Protokolle für die Kommunikation verschiedener betriebswirtschaftlicher DV-Systeme, so kann die oben angesprochene durchgängige Auftragsabwicklung auf den zwischenbetrieblichen Bereich ausgedehnt werden, beispielsweise für die Kooperation zwischen Zulieferbetrieben und ihren Kunden (MERTENS 85). Schuy sieht gar die Einbindung der Fertigungsabläufe und -prozesse von Zulieferunternehmen in das zentrale DV-System des Kunden im Sinne einer unternehmensübergreifenden Fertigungssteuerung und -kontrolle (SCHUY 84, S. 34). Aufgrund der hierfür erforderlichen Kommunikation, die beispielsweise über Electronic Mail abläuft, werden Personen oder Computer zu bestimmten Aktionen veranlaßt. Damit werden Systeme erforderlich, die derartige "Aktionsanstöße" entsprechend empfangen und vor allem in geeigneter Weise weiterverarbeiten können.

Aus der bundesdeutschen Automobilindustrie sind produktionssynchrone Beschaffungsvorgänge auf der Basis langfristiger Rahmenverträge bereits seit längerem bekannt. So liefert beispielsweise der Fahrzeugsitzhersteller Keiper Recaro seine Produkte in geeigneter Sortierfolge direkt an das Band von Daimler Benz in Bremen. Wenn bei Daimler Benz eine Karosse das Band für den Innenausbau erreicht, erhält Keiper Recaro per DFÜ eine

Lieferanweisung. Spätestens fünfeinhalb Stunden nach diesem Produktionsanstoß steht der bestellte Sitz am sieben Kilometer entfernten Montageplatz bei Daimler Benz zum Einbau bereit (OV 84).

6.2.4. Zusammenfassung

Zusammenfassend läßt sich feststellen, daß AODV bei den die künftige Architektur von PPS-Systemen prägenden Entwicklungen eine wichtige Rolle einnehmen wird. In aller Regel fungiert sie dabei als Ergänzung und Unterstützung für verschiedene DV-Komponenten und -Verfahren. So schafft sie im Falle der Einbindung menschlicher Entscheidungen ein gleiches Automationsniveau, verhilft bei simultanem Einsatz von batch- und dialogorientierten Anwendungen zu einer - allerdings groben - Annäherung des Zeitverhaltens der beiden Verarbeitungsformen, kann unterschiedlichste Beziehungen zu einer Reihe moderner PPS-Verfahren aufbauen, mag als Brückenglied zur Terminierung, Koordination und Kommunikation beim Zusammenspiel von technischer und betriebswirtschaftlicher DV dienen und ist schließlich in der Lage, Konzepte zur Zwischenbetrieblichen Integration zu unterstützen.

AODV bietet sich somit in der langfristigen ("strategischen") Entwicklungsplanung eines Unternehmens als "robuster erster Schritt" an.

Unter einem robusten ersten Schritt wird in der Planungslehre eine Maßnahme verstanden, die jetzt fällig ist und mit großer Wahrscheinlichkeit nicht falsch sein soll, obwohl man das anzusteuernde Fernziel nicht exakt ausmachen kann (HANSSMANN 78, S. 65). Die durch Weiterentwicklung eines Vorschlags von Mertens und Heigl (MERTENS/HEIGL 84a, S. 41; MERTENS/HEIGL 84b, S. 72) gewonnene Abbildung 6.2.4./1 zeigt die AODV als Schritt auf dem Weg von einem konventionellen PPS-System zu einem CIM System der Zukunft. Durch die dünnen Pfeile ist an einigen Beispielen (vgl. Abschnitt 6.2.1.2.) angedeutet, wie die an kritischen Stellen implementierten Teilsysteme KANBAN, Belastungsorientierte Einplanung, OPT und Fortschrittszahlentechnik mit der AODV zusammenarbeiten. Beispielsweise wird bei einem bestimmten Muster von Fortschrittszahlen, das zu terminlichen Vorverlegungen eines Beschaffungsvorganges zwingt, über die AODV die Aktionsstelle des Einkaufs aufgefordert, mit dem Lieferanten über einen früheren Liefertermin zu verhandeln. Die dicken Pfeile markieren den Wachstumspfad. Die AODV bündelt Elemente der Einzelsysteme, koordiniert diese und geht schließlich gleitend in ein hochautomatisiertes CIM über.

6.2.4./1	Entwicklungspfade

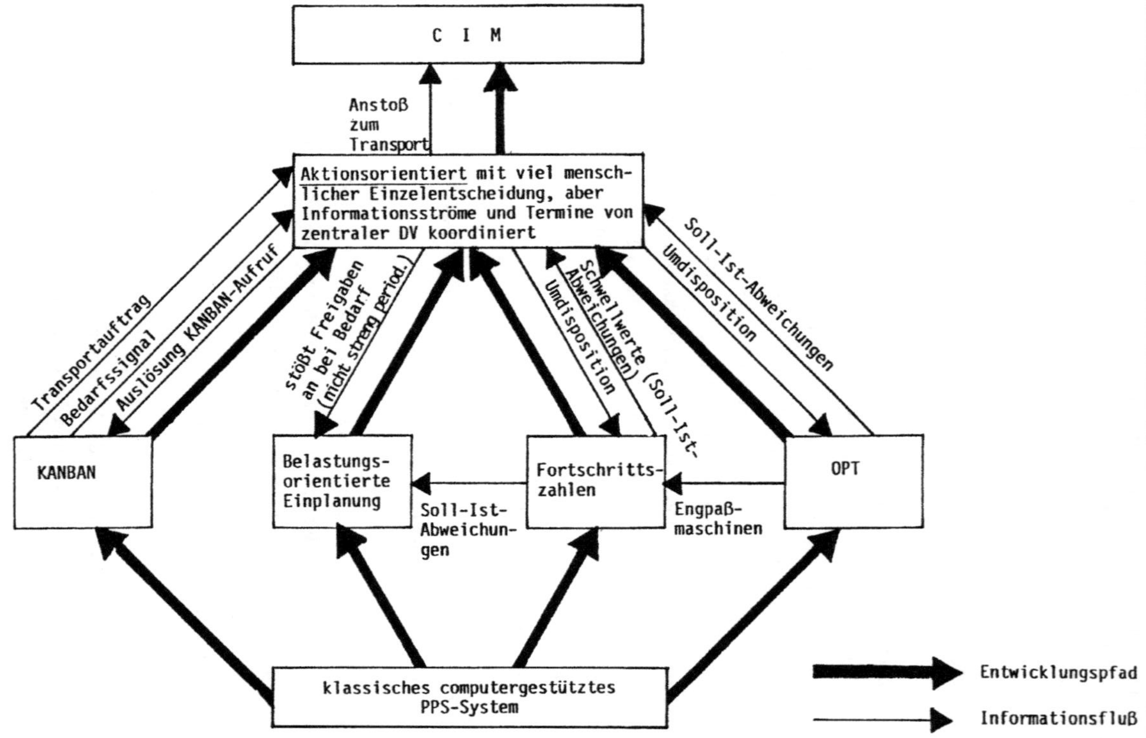

6.3. LITERATUR

DIEBOLD 85 — Diebold Deutschland GmbH (Hrsg.), New look für PPS, Diebold Management Report (1985) 10.

FOX 82 — Fox, R.E., MRP, KANBAN or OPT - what's best? Inventories and Production Magazine 2 (1982) 4, o.S.

FRÖHNER/HEINRICH 83 — Fröhner, K.-D. und Heinrich, G., Entwicklungsstand von Produktionssteuerungssystemen, Fortschrittliche Betriebsführung/Industrial Engineering 32 (1983) 6, S. 391 ff.

HANSSMANN 78 — Hanssmann, F., Einführung in die Systemforschung, München 1978.

HEINEMEYER 84 — Heinemeyer, W., Fortschrittszahlen - ein Ansatz zur Steuerung in der Serienfertigung, in: Institut für Fabrikanlagen (IFA) der Universität Hannover (Hrsg.), Statistisch orientierte Fertigungssteuerung, Fachseminar, Hannover 1984, S. 98 ff.

JACOBS 84 — Jacobs, F.R., OPT uncovered: Many production planning and scheduling concepts can be applied with or without the software, Industrial Engineering 16 (1984) 10, S. 32 ff.

KAZMAIER 83 — Kazmaier, E., Neue Methoden zur wirtschaftlichen Lösung der PPS-Aufgabenstellung - erläutert am Beispiel von PROFIS, Handbuch der Modernen Datenverarbeitung 20 (1983) 112, S. 25 ff.

KEMPER 85 — Kemper, K., Die Revolution in den Fabriken, Frankfurter Allgemeine Zeitung vom 13. April 1985, S. 15.

KIEL 86 — Kiel, U., Entwicklungsstand, Einsatzbereiche und Ausgestaltung von Anwendungsprotokollen, Diplomarbeit, Nürnberg 1986.

KRÜGER o.J. — Krüger, M., Termin- und bestandsorientierte Logistik unter besonderer Berücksichtigung japanischer KANBAN-Prinzipien, in: Wildemann, H. (Hrsg.), Just in Time, München o.J., S. B1-1 ff.

KÜFFNER 85 — Küffner, G., Ohne Menschen geht es nicht, Frankfurter Allgemeine Zeitung vom 28. Dezember 1985, S. 9.

MAIER-ROTHE 85 — Maier-Rothe, C., Computer-Integrated Manufacturing: Bedeutung, Stand und Ausblick, Elektronische Rechenanlagen 27 (1985) 3, S. 174 ff.

MANSKE/WOBBE-OHLENBURG 83 — Manske, F. und Wobbe-Ohlenburg, W., Rechnerunterstützte Fertigung aus der Sicht des Werkstattpersonals, Werkstattstechnik - Zeitschrift für industrielle Fertigung 73 (1983) 10, S. 655 ff.

MEINDERS 84 | Meinders, J., Planung und Steuerung von KANBAN-Systemen mit Modularprogrammen, in: Gesellschaft für Management und Technik (gfmt) u.a. (Hrsg)., Just-in-Time-Produktion - Erfahrungsberichte aus Japan, USA, Europa, Tagungsbericht, Passau 1984, S. 341 ff.

MERTENS 85 | Mertens, P., Zwischenbetriebliche Integration der EDV, Informatik Spektrum 8 (1985) 2, S. 81 ff.

MERTENS/HEIGL 84a | Mertens, P. und Heigl, M., Neuere Entwicklungen der computergestützten Produktionsplanung: Eignung - Verbindungen - Entwicklungspfade, Arbeitsber. IMMD Univ. Erlangen-Nürnberg 17 (1984) 2.

MERTENS/HEIGL 84b | Mertens, P. und Heigl, M., Neue Wege bei computergestützter Produktionsplanung, ÖVD/Online (1984) 11, S. 46 ff. (Teil 1) und (1984) 12, S. 62 ff. (Teil 2).

MIERZOWSKI 85 | Mierzowski, K., CIM - die Konzeption für die Fabrik der Zukunft, Elektronische Rechenanlagen 27 (1985) 1, S. 31 ff.

MÖLLER 84 | Möller, G., Rechnerunterstützte Fertigungssteuerung in einem Automobil-Zulieferunternehmen, Automobiltechnische Zeitschrift 86 (1984) 3, S. 125 ff.

MÜLLER 86 | Müller, J., Revolvierendes Lieferplan- und Abstimmungssystem im CIM-Verbund, in: Gesellschaft für Management und Technologie (gfmt) u.a. (Hrsg.), Planen und Steuern der Produktion - Bausteine für eine computerunterstützte Fertigung, Tagungsbericht, München 1986, S. 88 ff.

OV 84 | o.V., Kummer für die Letzten, Wirtschaftswoche 38 (1984) 46, S. 82 f.

OV 86 | o.V., Fabrikkommunikation: Esperanto für Babylon, Industriemagazin 20 (1986) 2, S. 110 ff.

PABST 85 | Pabst, H.-J., Analyse der betriebswirtschaftlichen Effizienz einer computergestützten Fertigungssteuerung mit CAPOSS-E in einem Maschinenbauunternehmen mit Einzel- und Kleinserienfertigung, Frankfurt am Main u.a. 1985.

PARGE 86 | Parge, W., Werkstattsteuerung in der logistischen Kette - EDV-gestützte JIT-Fertigung auf Micro-Basis, in: Gesellschaft für Management und Technologie (gfmt) u.a. (Hrsg.), Planen und Steuern der Produktion - Bausteine für eine computerunterstützte Fertigung, Tagungsbericht, München 1986, S. 471 ff.

RAPP 85 | Rapp, H., Von der Markt- zur Planwirtschaft, Wirtschaftswoche 39 (1985) 46, S. 102 f.

RICE/YOSHIKAWA 82 | Rice, J.W. und Yoshikawa, T., A comparison of KANBAN and MRP concepts for the control of repetitive manufacturing systems, Production and Inventory Management 23 (1982) 1, S. 1 ff.

SCHEER 83 — Scheer, A.-W., DV-gestützte Planungs- und Informationssysteme im Produktionsbereich, Elektronische Rechenanlagen 25 (1983) 2, S. 82 ff.

SCHEER 84 — Scheer, A.-W., Schnittstellen zwischen betriebswirtschaftlicher und technischer Datenverarbeitung in der Fabrik der Zukunft, in: Scheer, A.- W. (Hrsg.), Veröffentlichungen des Instituts für Wirtschaftsinformatik Nr. 44, Saarbrücken 1984.

SCHUMANN 86 — Schumann, M., Computerunterstützte Eingangspostbearbeitung in Bürokommunikationssystemen unter besonderer Berücksichtigung des Expertensystemansatzes, Dissertation, Nürnberg 1986.

SCHUY 84 — Schuy, K., Computerintegrierte Fertigung, IBM Nachrichten 34 (1984) 269, S. 33 ff.

SIEMENS 83 — Siemens AG (Hrsg.), Durchlaufzeit in der Produktion, o.O. 1983.

STOLDT 86 — Stoldt, G., Konzeption von Modulen zum Berichtswesen und zum Durchlaufzeit-Controlling als Teile eines PPS-Systems in einem Unternehmen der elektrotechnischen Industrie, Diplomarbeit, Nürnberg 1986.

SUPPAN-BOROWKA 85 — Suppan-Borowka, J., Europa bei MAP auf dem Wartegleis, ÖDV/Online (1985) 8, S. 40 ff.

TEICHOLZ 84 — Teicholz, E., Computer integrated manufacturing, Datamation 30 (1984) 3, S. 169 ff.

WILDEMANN o.J. — Wildemann, H. (Hrsg.), Just in Time, München o.J.

WILDEMANN 86a — Wildemann, H., Auftragsabwicklung im CIM, in: Gesellschaft für Management und Technologie (gfmt) u.a. (Hrsg.), Planen und Steuern der Produktion - Bausteine für eine computerunterstützte Fertigung, Tagungsbericht, München 1986, S. 1 ff.

WILDEMANN 86b — Wildemann, H. (Hrsg.), Just-In-Time Produktion und Zulieferung, Erfahrungsberichte, 2 Bände, Passau 1986.

7. Entwicklungstendenzen und künftige Forschungsaufgaben

Es bietet sich an, AODV-Systeme allmählich weiter zu automatisieren und menschliche Eingriffe zurückzudrängen. Ein Ansatz hierzu ist die automatische Mustererkennung (vgl. Abschnitt 5.1.1.).

Ein zweiter Ansatz betrifft die Einbeziehung von Expertensystemen, welche menschliche Akteure zunehmend unterstützen und schließlich gewisse Teilaufgaben (vgl. Abschnitt 5.1.2.2.3.) autonom durchführen.

Eine Ausweitung der AODV könnte sich auch im Zusammenhang mit der sogenannten Telearbeit ergeben: Zum einen braucht AODV nicht auf das Betriebsgelände begrenzt zu bleiben; vielmehr kann das System auch gezielt Sachbearbeiter und Führungskräfte einschalten, die ein Datenendgerät in ihrer Wohnung oder auf Reisen haben. Zum anderen kann sich die in Abschnitt 5.1.1. skizzierte flexible Kapazitätsdisposition auch auf Heimarbeiter erstrecken oder mit der Personaleinbestellungsdisposition im Rahmen flexibler Arbeitszeitmodelle verbunden werden.

Es versteht sich von selbst, daß derartige weitreichende Konzepte mit einer Reihe von betriebswirtschaftlichen, volkswirtschaftlichen, rechtlichen und gesellschaftspolitischen Implikationen verbunden sind, so daß die Bilanz der Vor- und Nachteile sorgfältig gezogen werden muß. Ein wichtiger Aspekt künftiger Forschung wird dabei zwangsläufig die Wirkungen derartiger Systeme auf Arbeitnehmer betreffen. Im folgenden werden einige ausgewählte Effekte skizziert:

1. Die Möglichkeit, auch außerhalb des Betriebsgeländes z.B. über ein Sprachnachrichtensystem oder unter Verwendung tragbarer Terminals Aktionen auszuführen, gestattet ein gleitenderes Abarbeiten von Vorgängen. So bleibt es beispielsweise der sich häufig auf Dienstreisen befindenden Führungskraft erspart, sich nach seiner Rückkehr an den Arbeitsplatz durch einen "Berg unerledigter Vorgänge" arbeiten zu müssen.

2. Die oben angeführte Telearbeit ist zur Zeit heftig umstritten. Vor ihrem verbreiteten Einsatz bedürfen noch eine Reihe von rechtlichen Fragen, wie Status des "Telearbeiters" (z.B. selbständig, angestellt) oder Haftung bei Fehlern, und sozialen Problemen, wie Verlust sozialer Kontakte, einer Klärung. Auf der anderen Seite bietet diese Arbeitsform eine Reihe von Vorteilen, da sie beispielsweise Teilzeittätigkeiten ohne aufwendige Fahrten vom und zum Arbeitsplatz ermöglicht. So könnten z.B. Frauen Kindererziehung und Berufstätigkeit besser als heutzutage miteinander verbinden, und für ältere Arbeitnehmer sind Modelle für einen gleitenden Übergang in den Ruhestand

mit reduzierter Arbeitszeit denkbar. Insgesamt lassen sich infolge der asynchronen Kommunikation die bisherigen Anteile von Kernzeiten in Arbeitszeitregelungen reduzieren.

3. Durch die Vorgabe vordefinierter Regelmechanismen im Falle des Auftretens von Ausnahmesituationen können Streßsituationen erheblich vermindert werden. Es wird sich jetzt viel seltener ereignen, daß kurzfristig weitreichende Entscheidungen getroffen werden müssen. Vielmehr kann die Reaktion auf Ausnahmesituationen, wie Maschinenstörungen, im voraus in Ruhe definiert werden. Ähnliches bewirkt die automatische Stellvertreterlösung. Es muß beispielsweise bei plötzlicher Erkrankung eines Akteurs nicht mehr hektisch überlegt werden, welche seiner Aufgaben dringend sind und deshalb von Kollegen übernommen werden müssen. In ähnlicher Weise kann der Versuch, die Überlastung der Instanzen zu vermeiden und damit ein gleichmäßiges Lastniveau zu erreichen, streßreduzierend wirken. Eine weitere Entlastung kann eine AODV bringen, wenn es gelingt, die Nachrichten etwas zu filtern und mit Prioritäten zu versehen. Schließlich vermeidet der in Abschnitt 6.2.4. geschilderte gleitende Übergang in ein höher automatisiertes CIM eine abrupte Hinwendung zur "totalen" EDV-Durchdringung und -Steuerung.

4. Vergessen werden darf an dieser Stelle nicht die motivierende Wirkung, die durch das Schaffen größerer Entscheidungsspielräume (vgl. Abschnitt 5.1.2.1.) erreicht werden kann.

5. Zur Realisierung dieser Nutzeffekte muß sich der Mensch allerdings ein zum Teil beträchtliches Maß an Steuerung und Kontrolle durch die DV gefallen lassen. Auf die Problematik der daraus resultierenden Leistungs- und Verhaltensüberwachung wurde bereits in Abschnitt 5.3. eingegangen. In gewisser Weise kann man die Steuerung durch die AODV auch mit einem Fließband vergleichen, das dem Menschen ebenfalls den Arbeitstakt vorgibt.

Mitentscheidend für den Erfolg eines AODV-Systems wird angesichts dieser Probleme die rechtzeitige Miteinbeziehung der Betroffenen in den Entwicklungsprozeß sein. Nur so lassen sich die gegenseitigen Interessen in einem ausgewogenen Verhältnis berücksichtigen.

LITERATURVERZEICHNIS

Barthelmann, H., Realisierung und Programmierung von Bausteinen eines Elektronischen "Briefkasten"-Systems für ein Unternehmen der Kfz-Zulieferindustrie - Teil II, Diplomarbeit, Nürnberg 1984.

Barthelme, J., Konzeption eines aktionsorientierten DV-Systems im Angebotswesen eines Unternehmens mit auftragsorientierter Fertigung, Diplomarbeit, Erlangen 1986.

Bauer, W. und Lenz, G., Kommunikationsorientiertes EDV-System bei MTU - Teil 14: Integration eines prozeßrechnergesteuerten Lagers (Materialsteuerung), Fortschrittliche Betriebsführung/Industrial Engineering 32 (1983) 6, S. 416 ff.

Berthold, H.-J., Aktionsdatenbanken in einem kommunikationsorientierten System, Informatik-Spektrum 6 (1983) 1, S. 20 ff.

Canning McNurlin, B. (Hrsg.), Spotlight on group services, EDP Analyzer 24 (1986) 11.

Diebold Deutschland GmbH (Hrsg.), New look für PPS, Diebold Management Report (1985) 10.

Dittrich, H.-J., Kommunikationsorientiertes EDV-System bei MTU - Teil 5: Kundenauftragsverwaltung und Lieferscheinschreibung, Fortschrittliche Betriebsführung/Industrial Engineering 28 (1979) 1, S. 67 ff.

Eichinger, P. und Schneider, A., Kommunikationsorientiertes EDV-System bei MTU - Teil 6: Materialplanung, Fortschrittliche Betriebsführung/Industrial Engineering 28 (1979) 2, S. 134 ff.

Erman, L.D., Hayes-Roth, F., Lesser, V.R. und Reddy, D.R., The Hearsay-II speech-understanding system: Integrating knowledge to resolve uncertainty, Computing Surveys 12 (1980) 2, S. 213 ff.

Fox, R.E., MRP, KANBAN or OPT - what's best? Inventories and Production Magazine 2 (1982) 4, o.S.

Fröhner, K.-D. und Heinrich, G., Entwicklungsstand von Produktionssteuerungssystemen, Fortschrittliche Betriebsführung/Industrial Engineering 32 (1983) 6, S. 391 ff.

Gerlach, H.-H. und Bobenhausen, F., Durchlaufzeit-Analyse bei Einzel- und Kleinserien-Fertigung, Fortschrittliche Betriebsführung/Industrial Engineering 35 (1986) 2, S. 83 ff.

Gutmann, B., Einsatz des Bürokommunikationssystems EMS 5800 zur Unterstützung der Produktplanung bei einem Markenartikelhersteller, Konzeption und Programmierung - Teil 2, Diplomarbeit, Nürnberg 1985.

Hanssmann, F., Einführung in die Systemforschung, München 1978.

Harmon, P. und King, D., Expertensysteme in der Praxis, München-Wien 1986.

Hautin, F. und Vailly, A., La coopération entre systèmes experts, Interner Arbeitsbericht des Centre d'études des télécommunications, Lannion Cedex (Frankreich) 1986.

Heinemeyer, W., Fortschrittszahlen - ein Ansatz zur Steuerung in der Serienfertigung, in: Institut für Fabrikanlagen (IFA) der Universität Hannover (Hrsg.), Statistisch orientierte Fertigungssteuerung, Fachseminar, Hannover 1984, S. 98 ff.

Herbert, S., Konzeption einer integrierten Vorgangsbearbeitung im Angebotswesen eines Unternehmens mit auftragsorientierter Fertigung, Diplomarbeit, Nürnberg 1986.

Hogg, J., Mazer, M., Gamvroulas, S. und Tsichritzis, D., Imail - an intelligent mail system, Database Engineering 6 (1983) 3, S. 36 ff.

Hogg, J., Intelligent message systems, in: Tsichritzis, D. (Hrsg.), Office Automation, Berlin-Heidelberg 1985, S. 113 ff.

IBM Deutschland GmbH (Hrsg.), COPICS-Anwendungsbeschreibung - Aktionsorientierte Konstruktions- und Produktionsdatenverwaltung, IBM-Form GH12-1270, o.O. 1978.

IBM Deutschland GmbH (Hrsg.), COPICS-Systementwurfsbeschreibung - Aktionsorientierte Konstruktions- und Produktionsdatenverwaltung, IBM-Form GH12-1272-0, o.O. 1978.

IBM Deutschland GmbH (Hrsg.), Communication Oriented Message System/CORMES, Benutzerhandbuch, IBM-Form SH12-1423-0, o.O. o.J.

IBM Deutschland GmbH (Hrsg.), COPICS - Programm- und Literaturverzeichnis o.O. o.J.

Jacobs, F.R., OPT uncovered: Many production planning and scheduling concepts can be applied with or without the software, Industrial Engineering 16 (1984) 10, S. 32 ff.

Jones, T.C., Paving the way for universal document interchange, Data Communications 11 (1982) 7, S. 123 ff.

Kalasch, H., Kommunikationsorientiertes EDV-System bei MTU - Teil 7: Einkauf, Fortschrittliche Betriebsführung/Industrial Engineering 28 (1979) 3, S. 208 ff.

Kansy, K. und Müller, B.S., Speech filing systems, Informatik-Spektrum 5 (1982) 3, S. 191 f.

Kazmaier, E., Neue Methoden zur wirtschaftlichen Lösung der PPS-Aufgabenstellung - erläutert am Beispiel von PROFIS, Handbuch der Modernen Datenverarbeitung 20 (1983) 112, S. 25 ff.

Kemper, K., Die Revolution in den Fabriken, Frankfurter Allgemeine Zeitung vom 13. April 1985, S. 15.

Kendler, H., Computergestützte Ablauforganisation im Bürobereich, Angewandte Informatik 22 (1980) 9, S. 357 ff

Kendler, H., Mensch-Computer-Dialoge zur Erstellung technischer Grunddaten in der Flugzeugindustrie, Dissertation, Nürnberg 1979.

Kendler, H., Triggerkonzept, Informatik-Spektrum 5 (1982) 4, S. 255.

Kexel, J., Durchlaufzeitverkürzung im Büro mit Softwareunterstützung, Office Management 34 (1986) 6, S. 650 ff.

Kiel, U., Entwicklungsstand, Einsatzbereiche und Ausgestaltung von Anwendungsprotokollen, Diplomarbeit, Nürnberg 1986.

Koch, H., Untersuchungen zum Kosten-Nutzen-Verhältnis der Büroautomation unter Berücksichtigung eines Unternehmens aus dem Anlagenbau, Diplomarbeit, Nürnberg 1986.

Krallmann, H., Feiten, L., Hoyer, R. und Kölzer, G., Konzeption und Realisierung einer betrieblichen Kommunikationsstruktur, Zwischenbericht zum Projekt Kr725/1-2 des DFG-Schwerpunktprogramms "Interaktive betriebswirtschaftliche Informations- und Steuerungssysteme", Berlin 1986.

Kreifelts, T., DOMINO: Ein System zur Abwicklung arbeitsteiliger Vorgänge im Büro, Angewandte Informatik 26 (1984) 4, S. 137 ff.

Kreifelts, T. und Wißkirchen, P., Informationstechnik im Büro, in: Wißkirchen u.a., Informationstechnik und Bürosysteme, Stuttgart 1983, S. 43 ff.

Krüger, M., Termin- und bestandsorientierte Logistik unter besonderer Berücksichtigung japanischer KANBAN-Prinzipien, in: Wildemann, H. (Hrsg.), Just in Time, München o.J., S. B1-1 ff.

Küffner, G., Ohne Menschen geht es nicht, Frankfurter Allgemeine Zeitung vom 28. Dezember 1985, S. 9.

Lauser, R. und Michl, G., Kommunikationsorientiertes EDV-System bei MTU - Teil 13: Budgetverwaltung und -kontrolle, Fortschrittliche Betriebsführung/Industrial Engineering 32 (1983) 3 , S. 216 ff.

Leue, G., Moderne Formen elektronischer Post, Office Management 6 (1983) 33, S. 494 ff.

Maier-Rothe, C., Computer-Integated Manufacturing: Bedeutung, Stand und Ausblick, Elektronische Rechenanlagen 27 (1985) 3, S. 174 ff.

Malchus von, E., CADMIP - Integration von CAD und PPS, Unterlagen zu gleichnamigem Vortrag (Nr. 37) auf IBM-Kongreß "INSTITUT 86" in München am 3.7.86.

Manske, F. und Wobbe-Ohlenburg, W., Rechnerunterstützte Fertigung aus der Sicht des Werkstattpersonals, Werkstattstechnik - Zeitschrift für industrielle Fertigung 73 (1983) 10, S. 655 ff.

Meinders, J., Planung und Steuerung von KANBAN-Systemen mit Modularprogrammen, in: Gesellschaft für Management und Technik (gfmt) u.a. (Hrsg)., Just-in-Time-Produktion - Erfahrungsberichte aus Japan, USA, Europa, Tagungsbericht, Passau 1984, S. 341 ff.

Mertens, P., Die Theorie der Mustererkennung in den Wirtschaftswissenschaften, Schmalenbachs Zeitschrift für betriebswirtschaftliche Forschung 29 (1977) 12, S. 777 ff.

Mertens, P., Industrielle Datenverarbeitung 1, 6. Aufl., Wiesbaden 1986.

Mertens, P., Zwischenbetriebliche Integration der EDV, Informatik Spektrum 8 (1985) 2, S. 81 ff.

Mertens, P., Allgeyer, K., Däs, H. und Schumann, M., Betriebliche Expertensysteme in deutschsprachigen Ländern - Versuch einer Bestandsaufnahme, Arbeitsber. IMMD Univ. Erlangen-Nürnberg 19 (1986) 6.

Mertens, P. und Heigl, M., Neuere Entwicklungen der computergestützten Produktionsplanung: Eignung - Verbindungen - Entwicklungspfade, Arbeitsber. IMMD Univ. Erlangen-Nürnberg 17 (1984) 2.

Mertens, P. und Heigl, M., Neue Wege bei computergestützter Produktionsplanung, ÖVD/Online (1984) 11, S. 46 ff. (Teil 1) und (1984) 12, S. 62 ff. (Teil 2).

Mertens, P. und Hofmann, J., Aktionsorientierte Datenverarbeitung, Informatik-Spektrum 9 (1986) 6, S. 323 ff.

Mierzowski, K., CIM - die Konzeption für die Fabrik der Zukunft, Elektronische Rechenanlagen 27 (1985) 1, S. 31 ff.

Möller, G., Rechnerunterstützte Fertigungssteuerung in einem Automobil-Zulieferunternehmen, Automobiltechnische Zeitschrift 86 (1984) 3, S. 125 ff.

Müller, J., Revolvierendes Lieferplan- und Abstimmungssystem im CIM-Verbund, in: Gesellschaft für Management und Technologie (gfmt) u.a. (Hrsg.), Planen und Steuern der Produktion - Bausteine für eine computerunterstützte Fertigung, Tagungsbericht, München 1986, S. 88 ff.

Niemann, H., Methoden der Mustererkennung, Frankfurt/Main 1974.

Otten, K.W., Sprachpost: Vervollständigung des elektronischen Büros, Office Management 35 (1985) 3, S. 224 ff.

o.V., Fabrikkommunikation: Esperanto für Babylon, Industriemagazin 20 (1986) 2, S. 110 ff.

o.V., Kummer für die Letzten, Wirtschaftswoche 38 (1984) 46, S. 82 f.

o.V., o.T., Neue Juristische Wochenschrift 38 (1985) 8, S. 450 ff.

o.V., Sprachkommunikation via voicemail, Computerwoche vom 4.11.1983, S. 29.

Pabst, H.-J., Analyse der betriebswirtschaftlichen Effizienz einer computergestützten Fertigungssteuerung mit CAPOSS-E in einem Maschinenbauunternehmen mit Einzel- und Kleinserienfertigung, Frankfurt am Main u.a. 1985.

Parge, W., Werkstattsteuerung in der logistischen Kette - EDV-gestützte JIT-Fertigung auf Micro-Basis, in: Gesellschaft für Management und Technologie (gfmt) u.a. (Hrsg.), Planen und Steuern der Produktion - Bausteine für eine computerunterstützte Fertigung, Tagungsbericht, München 1986, S. 471 ff.

Picot, A. und Reichwald, R., Bürokommunikation - Leitsätze für den Anwender, München 1984.

Pretzsch, H.-U. und Bressmer, D., Radio frequency system of identification lowers costs, facilitates production for german auto maker, Industrial Engineering 16 (1984) 11, S. 64 ff.

Rapp, H., Von der Markt- zur Planwirtschaft, Wirtschaftswoche 39 (1985) 46, S. 102 f.

Rice, J.W. und Yoshikawa, T., A comparison of KANBAN and MRP concepts for the control of repetitive manufacturing systems, Production and Inventory Management 23 (1982) 1, S. 1 ff.

Rich, E., Artificial intelligence, Auckland u.a. 1983.

Russer, J., Konzeption und Realisierung von Modulen zur Terminverwaltung und -vereinbarung als Bestandteil eines Electronic-Mail-Systems in einem Unternehmen der Kfz-Zulieferindustrie, Diplomarbeit, Nürnberg 1985.

Scheer, A.-W., DV-gestützte Planungs- und Informationssysteme im Produktionsbereich, Elektronische Rechenanlagen 25 (1983) 2, S. 82 ff.

Scheer, A.-W., Schnittstellen zwischen betriebswirtschaftlicher und technischer Datenverarbeitung in der Fabrik der Zukunft, in: Scheer, A.-W., Veröffentlichungen des Instituts für Wirtschaftsinformatik Nr. 44, Saarbrücken 1984.

Schneider, A., Kommunikationsorientiertes EDV-System bei MTU - Teil 10: Zeitwirtschaft und ihre Probleme, Fortschrittliche Betriebsführung/Industrial Engineering 28 (1979) 5, S. 355 ff.

Schneider, H., Untersuchungen zur Anwendung von Sprachspeichersystemen im betriebswirtschaftlichen Bereich, Diplomarbeit, Nürnberg 1985.

Schneider, J., Rechtliche Beurteilung computergestützter Logistik, in: Wildemann, H. (Hrsg.), Just-in-Time Produktion und Zulieferung, Erfahrungsberichte, Band 2, Passau 1986, S. 585 ff.

Schumann, M., Computerunterstützte Eingangspostbearbeitung in Bürokommunikationssystemen unter besonderer Berücksichtigung des Expertensystemansatzes, Dissertation, Nürnberg 1986.

Schuy, K., Computerintegrierte Fertigung, IBM Nachrichten 34 (1984) 269, S. 33 ff.

Siemens AG (Hrsg.), Durchlaufzeit in der Produktion, o.O. 1983.

Staiger, R., Einführung und Einsatz eines Auftragsabwicklungs- und Logistiksteuerungssystems für den Außendienst und Innendienst, Handbuch der Modernen Datenverarbeitung 23 (1986) 129, S. 29 ff.

Stoldt, G., Konzeption von Modulen zum Berichtswesen und zum Durchlaufzeit-Controlling als Teile eines PPS-Systems in einem Unternehmen der elektrotechnischen Industrie, Diplomarbeit, Nürnberg 1986.

Suppan-Borowka, J., Europa bei MAP auf dem Wartegleis, ÖDV/Online (1985) 8, S. 40 ff.

Teicholz, E., Computer integrated manufacturing, Datamation 30 (1984) 3, S. 169 ff.

Trautwein-Kalms, G., Zur Auseinandersetzung um Bildschirmarbeit am Beispiel betrieblicher Vereinbarungen, WSI Mitteilungen 34 (1981) 2, S. 90 ff.

Vogel, F. O., Online-Betriebsdatenerfassung in einem integrierten PPS-System bei MTU, in: Gesellschaft für Management und Technik (gfmt) u.a. (Hrsg.), Planen und Steuern der Produktion - Bausteine für eine computerunterstützte Fertigung, Tagungsbericht, München 1986, S. 273 ff.

Vogeley, M. und Baur, R., Kommunikationsorientiertes EDV-System bei MTU - Teil 12: Qualitätssicherung im Wareneingang und in der Fertigung, Fortschrittliche Betriebsführung/Industrial Engineering 32 (1983) 2 , S. 132 ff.

Walte, G. und Mett, W., Kommunikationsorientiertes EDV-System bei MTU - Teil 9: Materialsteuerung, Fortschrittliche Betriebsführung/Industrial Engineering 28 (1979) 4, S. 280 ff.

Werdell, J., Ford entdeckt das Sprachinformationssystem, Office Management 35 (1985) 2, S. 115.

Wildemann, H. (Hrsg.), Just in Time, München o.J.

Wildemann, H., Auftragsabwicklung in Cim, in: Gesellschaft für Management und Technologie (gfmt) u.a. (Hrsg.), Planen und Steuern der Produktion - Bausteine für eine computerunterstützte Fertigung, Tagungsbericht, München 1986, S. 1 ff.

Wildemann, H. (Hrsg.), Just-In-Time Produktion und Zulieferung, Erfahrungsberichte, 2 Bände, Passau 1986.

Wolf, T. und Unkelbach, H.D., Informationsmanagement in Chemie und Pharma, Stuttgart 1986.

ABKÜRZUNGSVERZEICHNIS

AODV	Aktionsorientierte Datenverarbeitung
BDE	Betriebsdatenerfassung
CAD	Computer aided design
CAM	Computer aided manufacturing
CAQ	Computer aided quality
CIM	Computer integrated manufacturing
DFÜ	Datenfernübertragung
ISO	International standard organization
JIT	Just-in-Time
MAP	Manufacturing automation protocol
MPM	Metra-Potential-Methode
MRP	Manufacturing resource planning
NC	Numerical Control
OPT	Optimized production technology
OSI	Open system interconnection
PPS	Produktionsplanung und -steuerung
TOP	Technical and office protocol

ANHANG

Datenbanken der internen Ablaufsteuerung von IBM-COPICS

Bezeichnung	Inhalt
Bearbeitungsstellen	Für jeden Teilnehmer des Ablaufsteuerungssystems wird in dieser Datenbank ein Satz angelegt. Teilnehmer können ein einzelner Sachbearbeiter, eine Gruppe oder aber auch eine ganze Abteilung sein. Neben der Speicherung spezieller Angaben (z.B. Kapazitäten, durchschnittliche Wartezeiten etc.) dient die Datenbank vor allem der Aufnahme des Arbeitsvorrates der Bearbeitungsstelle. Es werden alle zugeteilten Aktivitäten und Nachrichten zur Verfügung gestellt.
Standardablauf	Sie enthält die neutralen Standardablaufpläne. Es werden die Netzpläne der auszuführenden Aktivitäten gespeichert. Sie enthält die für die Bearbeitung eines Vorganges erforderlichen Hilfsmittel, technische Unterlagen etc., mit der für die Bearbeitung verantwortlichen Bearbeitungsstelle.
Auswahlkriterien	Zur Unterstützung der Auswahl eines geeigneten Standardablaufs werden hier entsprechende Kriterien zur Verfügung gestellt.
Aktivität	In ihr werden alle neutralen Aktivitäten gespeichert. Bei der Vorgangserstellung werden alle Aktivitäten eines Standardablaufplanes in die Vorgangs-Datenbank kopiert.
Vorgang	In diese Datenbank werden bei der Vorgangsauslösung ein oder mehrere Standardablaufpläne mit ihren Komponenten (Aktivitäten, Informationen, etc.) kopiert. Außerdem nimmt sie Rückmeldungen auf. Hierdurch kann man sich eine Übersicht über den Fortschritt eines bestimmten Vorgangs verschaffen.
Termin	Sie enthält alle für das Überwachungswesen wichtigen Daten, wie Fälligkeitstermine, Wiederanlauftermine usw.

Band 15: **G. Diruf** (Hrsg.)

Logistische Informatik für Güterverkehrsbetriebe und Verlader

Computergestützte Systeme zur Planung, Steuerung und Kontrolle verkehrsbetrieblicher Transport-, Umschlags- und Lagerleistungen
Anwendertagung Universität Bamberg, 7.-8. März 1985
Veranstaltet vom Lehrstuhl für Betriebswirtschaftslehre, insbesondere Verkehr, Transport, Logistik, zusammen mit dem Arbeitskreis Transport- und Verkehrslogistik der Gesellschaft für Informatik und dem Arbeitskreis für Wirtschaft und Verwaltung an der Universität Bamberg e.V.

1985. DM 48,-. ISBN 3-540-15692-5

Band 16: **J. Selig**

EDV-Management

Eine empirische Untersuchung der Entwicklung von Anwendungssystemen in deutschen Unternehmen

1986. DM 78,-. ISBN 3-540-16461-8

Band 17: **A. Schulz** (Hrsg.)

Die Zukunft der Informationssysteme Lehren der 80er Jahre

Dritte gemeinsame Fachtagung der Österreichischen Gesellschaft für Informatik (ÖGI) und der Gesellschaft für Informatik (GI). Johannes Kepler Universität Linz, 16.-18. September 1986

1986. DM 98,-. ISBN 3-540-16802-8

Band 18: **H. R. Göpfrich**

Bildschirmtext in der Ausbildung

Dargestellt am Beispiel der Wirtschaftsuniversität Wien

1987. DM 68,-. ISBN 3-540-17175-4

Band 19: **M. Schumann**

Eingangspostbearbeitung in Bürokommunikationssystemen

Expertensystemansatz und Standardisierung

1987. DM 49,-. ISBN 3-540-17369-2

Band 20: **T. Noth**

Unterstützung des Managements von Software-Projekten durch eine Erfahrungsdatenbank

1987. DM 69,-. ISBN 3-540-17842-2

Band 21: **H. Demmer**

Datentransportkostenoptimale Gestaltung von Rechnernetzen

1987. DM 69,-. ISBN 3-540-17919-4

Band 22: **J. Becker**

Architektur eines EDV-Systems zur Materialflußsteuerung

1987. 54 Abbildungen. X, 220 Seiten. Broschiert DM 65,-. ISBn 3-540-18349-3

Band 23: **P. Haun**

Entscheidungsorientiertes Rechnungswesen mit Daten- und Methodenbanken

1987. DM 55,-. ISBN 3-540-18418-X

Band 24: **E. Plattfaut**

DV-Unterstützung strategischer Unternehmensplanung

1987. In Vorbereitung. ISBN 3-540-18631-X

Band 25: **R. Brombacher**

Entscheidungsunterstützungssysteme für das Marketing-Management Gestaltungs- und Implementierungsansatz für die Konsumgüterindustrie

1988. DM 69,-. ISBN 3-540-18667-0

Band 26: **F. Schober**

Modellgestützte strategische Planung für multinationale Unternehmungen

Konzeption, Potential und Implementierung

1988. DM 78,-. ISBN 3-540-18767-7

Springer-Verlag
Berlin Heidelberg New York
London Paris Tokyo

Springer

GPSR Compliance

The European Union's (EU) General Product Safety Regulation (GPSR) is a set of rules that requires consumer products to be safe and our obligations to ensure this.

If you have any concerns about our products, you can contact us on ProductSafety@springernature.com

In case Publisher is established outside the EU, the EU authorized representative is:

Springer Nature Customer Service Center GmbH
Europaplatz 3
69115 Heidelberg, Germany

Batch number: 10844829

Printed by Printforce, the Netherlands